슈퍼
자기
경영

김재광 지음

청어

슈퍼자기경영

김재광 지음

발 행 처 · 도서출판 청어
발 행 인 · 이영철
영   업 · 이동호
홍   보 · 천성래
기   획 · 남기환
편   집 · 방세화
디 자 인 · 이수빈 | 김영은
제작이사 · 공병한
인   쇄 · 두리터

등   록 · 1999년 5월 3일
(제321-3210000251001999000063호)

1판 1쇄 발행 · 2018년 7월 17일
1판 2쇄 발행 · 2020년 7월 19일

주   소 · 서울특별시 서초구 남부순환로 364길 8-15 동일빌딩 2층
대표전화 · 02-586-0477
팩시밀리 · 0303-0942-0478

홈페이지 · www.chungeobook.com
E-mail · ppi20@hanmail.net
I S B N · 979-11-5860-574-2(13320)

이 도서의 국립중앙도서관 출판시도서목록(CIP)은 서지정보유통지원시스템 홈페이지
(http://seoji.nl.go.kr)와 국가자료공동목록시스템(http://www.nl.go.kr/kolisnet)에서 이용
하실 수 있습니다.(CIP제어번호: CIP2018019667)

나를 뛰어넘어 세상을 빛나게 바꿀 그대에게 바친다.

CONTENTS

슈퍼
자기
경영

▼ ▲ ▼

누구나 인생을
송두리째 바꿀 수 있다

사람들은 누구나 성공을 갈망한다. 세상의 빛을 본 사람치고 성공하고 싶지 않은 사람이 어디 있겠는가? 하지만 실제로 성공에 이르는 사람은 그리 많지 않다. 그렇기에 우리는 성공한 사람을 부러워하며 그들을 닮고자 한다. 이런 이유로 사람들은 성공한 사람들의 이야기를 담은 자기계발서를 탐독하곤 한다.

그런데 대부분의 자기계발서 내용이 별로 신통치 않다. 읽을 때는 흥미가 가지만 막상 자신에게 적용하기가 여간 어렵지 않다. 왜냐하면 그들의 상황과 능력에 맞게끔 그려진 그들만의 리그이기 때문이다. 우리 자신의 상황 그리고 능력과는 어딘가 모르게 괴리가 있다.

▼ ▲ ▼

그런데 이러한 사소한 차이는 마치 다이아몬드와 흑연처럼 운명을 갈라놓는다.

　다이아몬드와 흑연은 모두 탄소로 이뤄졌다는 면에서는 똑같다. 하지만 다이이아몬드는 탄소들이 서로 완벽히 결합해 세상에서 가장 빛나는 보석을 만들어 낸다. 반면 흑연은 탄소들이 서로 느슨하게 결합하면서 무른 성질의 연필심으로 이용된다. 결국 성공한 사람들과 다른 사소한 차이는 종국에는 극과 극의 결과를 초래한다. 그렇기에 여타의 자기계발서는 그저 잠시 무료한 시간을 달래 준 정도에 지나지 않는 것이다.

　그렇다면 진정으로 누구에게나 완벽히 결합해 다이아몬드처럼 빛나게 만드는 성공 모델은 없는 것일까? 물론 있다. 절대로 없을 수

▼ ▲ ▼

없다.

먼저 기업경영을 들여다보자. 기업경영을 연구하는 학문이 바로 경영학이다. 경영학에서는 오랜 세월 동안 다양한 기업을 연구해 성공에 이르는 길을 제시해 왔다. 따라서 경영학 이론에 근거해 기업을 경영한다면 대개 무리 없이 그 원하는 목표를 성취할 수 있게 된다. 그래서 근래 사람들이 너도 나도 MBA를 공부하고, 기업에서는 이러한 인재를 영입하고 있는 것이다.

그렇다면 왜 갑자기 기업경영에 대해 이야기하는가? 다 이유가 있다. 마이클 포터, 피터 드러커와 더불어 세계 3대 경영학자로 불리는 경영의 대가 톰 피터스는 브랜드 유(Brand You)라는 개념을 제시하며 현대를 1인 1기업의 시대라고 선언했다. 즉 사람도 하나의 기업이라

▼ ▲ ▼

는 것이다. 이에 따라 각자의 개인도 기업의 CEO처럼 행동하며 자신
을 브랜드화하라고 주문했다.

　여기서 하나의 큰 깨달음이 다가온다. 현 시대는 톰 피터스의 주장
대로 각자의 개인도 하나의 기업으로 인식될 수 있기 때문에 기업경
영 이론은 자기경영 이론으로 그대로 승화가 가능하다는 점이다. 나
아가 이 기업경영 이론에서 승화된 자기경영 이론을 각자의 삶에 적
용한다면 우리가 원하는 성공에 '보다 쉽게 보다 빨리 보다 크게' 이
르게 되는 것이다. 결국 성공에 이르는 길에 대한 완벽한 모델, 즉 슈
퍼자기경영이 바로 여기에 있는 것이다.

　자, 그렇다면 기업경영 이론에서 승화된 자기경영 이론은 어디에 있
단 말인가? 그렇다. 필자가 본서에서 제시하는 LVH(Life Value House)

가 바로 그것이다. 이 LVH의 핵심 아이디어는 미국 하버드대학교 마이클 포터의 가치사슬(Value Chain) 이론으로부터 승화됐다. 가치사슬이란 기업활동에서 부가가치가 생성되는 과정을 의미한다. 1985년 마이클 포터가 모델로 정립한 이후 광범위하게 활용되고 있는 이론 틀로, 부가가치 창출에 직접 또는 간접적으로 관련된 일련의 활동·기능·프로세스의 연계를 의미한다. 크게 주활동(Primary Activities)과 지원활동(Support Activities)로 나눠져 있다. 그야말로 경영학에서는 가장 완벽한 모델로서 지금도 그 가치를 크게 인정받고 있다.

마찬가지로 LVH도 마이클 포터의 가치 사슬 이론을 비롯해 현대 경영학의 핵심을 자기경영 이론으로 승화함으로써 지속 가능한 성공에 이르는 길을 제시한다. 이런 이유로 포기하지 않고 꾸준히 LVH를 실행해 나간다면 누구나 성공에 이르게 된다. 단언컨대 LVH는 자

▼ ▲ ▼

기경영 이론의 완벽한 모델이자 인생을 송두리째 바꾸는 슈퍼자기경영의 비법이다.

자, 이제 그 LVH의 세계로 주저 없이 들어가 보자.

여러분의 지속 가능한 인생 가치·파트너!

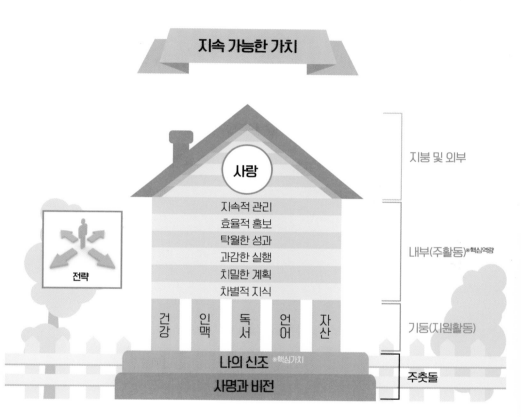

〈LVH(Life Value House)〉

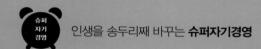
인생을 송두리째 바꾸는 **슈퍼자기경영**

제1부

자기경영에 대한
혁명적 사고

슈퍼
자기
경영

Chapter 01

● 소중한 삶,
이제는 반드시 달라져야 한다

이 세상에서 자신의 삶보다 더 귀중한 것은 단연코 없다. 왜냐하면
자신이 존재하지 않으면 우주도 그 어떤 것도 존재할 수 없기 때문이
다. 세상의 온갖 것들, 돈, 명예, 권력 등은 단지 삶의 일부분일 뿐이
다. 그럼에도 불구하고 우리는 태어나서 성인이 될 때까지 삶에 대
한 문제를 관통해 왜 살아야 하는가, 어떻게 살 것인가, 어떻게 성공
할 것인가에 대한 명쾌한 교육을 받지 못한 채 먹고 사는 문제 해결
에만 급급해 갈팡질팡 헤맨다. 진실로 통탄할 일이다. 현실의 교육이
라는 것이 단지 기술자 양산에 지나지 않는다는 것이 더욱 기막힐 따

름이다. 그렇다고 성인이 된 후에라도 삶에 대한 뭔가 특별한 해답을 얻을 수 있는 것도 아니다. 그렇기에 유의미한 삶의 승자가 되어야 함에 불구하고 대부분의 사람들은 무의미한 삶의 패자로 전락하고 마는 것이다.

누군들 패자가 되고 싶을까? 아니올시다이다. 그럼에도 불구하고 우리는 오늘도 삶의 철학, 삶의 목적을 잃어버린 채, 하루하루 먹고 살기에 급급하며 지친 몸을 간신히 일으켜 허둥지둥 삶의 쓰라린 현장으로 떠난다. 뭔가 깊은 깨달음이 없다면 그야말로 삶은 하루 하루가 고해가 된다.

사람들은 그 마음속을 들여다보면 모두 성공을 갈망하고 행복을 추구한다. 성공하고 싶고 행복한 삶을 영위하고 싶은 것은 인지상정이다. 하지만 몸과 마음은 정반대로 움직인다. 성공 그리고 행복과는 거리가 멀게 말하고 행동하는 것이다. 더 심각한 문제는 그러한 자신의 말과 행동이 자신이 원하는 바와는 전혀 거리가 멀다는 것을 제대로 인식을 못한다는 점이다. 자신의 생각과 경험이라는 한계의 울타리를 조금도 벗어나지 못한 채 삶은 자꾸만 꼬여간다.

하지만 이제부터는 꼬이는 삶, 풀리지 않는 삶은 저 우주 끝으로 모두 날려버려야 한다. 원하는 삶, 가치 있는 삶, 의미 있는 삶의 푯대를 굳건히 꽂아야 한다. 반드시 그래야 한다. 이를 위해 필연코 자기로부터의 과감한 혁명이 필요하다. 즉 그 무엇도 아닌 나를 먼저 바꿔야 한다. 나를 바꾼다는 것은 결코 쉬운 일이 아니다. 하지만 이는 왜 살아야 하는가, 어떻게 살 것인가, 어떻게 성공할 것인가에 대한 해답을 얻기 전까지의 일이다.

왜 살아야 하는가, 어떻게 살 것인가, 어떻게 성공할 것인가에 대한 해답을 얻을 수만 있다면 이야기는 180도 달라진다.

Chapter 02

자기경영은 **과학이다**

한동안 MBA 과정을 마치면 기업에서 모셔 가기도 했지만 이제는 매우 흔해져 누구나 쉽게 접할 수 있게 됐다. 그런데 도대체 MBA에서는 무엇을 가르치기에 사람들이 이토록 열광하는 걸까? MBA는 단순히 이론적인 경영학을 가르치는 것이 아닌 실무 경영학을 가르친다. 그래서 MBA를 단순히 경영학 석사로 번역하는 것은 무리가 있다. MBA를 공부해보면 크게 느끼는 것이 하나 있다. 그것은 MBA가 기업경영 이론일 뿐만 아니라 인생경영 이론이라는 것이다. 결국 기업을 경영한다는 것은 자신의 인생을 경영하는 것이고 나아가 타인의 인생을 경영해야 하는 것이다.

  그렇기 때문에 MBA에서는 단순히 기업경영 이론만 가르치지 않는다. 이는 MBA과정을 이수한 많은 사람들이 느끼는 공통점이다. 하나의 사안에 대해 공부하고 토론하다보면 결국 기업경영을 넘어 인생이라는 임계점에 도달하게 된다. 이런 이유로 MBA 이론은 완벽히 자기경영과 1대 1 대응한다. 단지 기업이라는 말만 자기(Self)라는 말로 바꾸면 되는 것이다.

  이는 톰 피터스가 21세기를 1인 1기업 시대라고 단언한 것과 맥락을 같이 한다. 평생직장이라는 개념은 이미 사라진 지 오래다. 따라서 1인 1기업 관점에서 자신의 브랜드를 만들어 가지 않으면 사회에서의 성공도, 은퇴 후 노후도 보장받을 수 없게 된다. 생존에 압박을 받으며 불안에 떨면서 살 수도 없는 노릇이고, 정년이 보장된 안정된 직장을 은퇴한 후 화분에 물주면서 남은 인생을 보낼 수는 더욱 없지 않은가? 자신이 하나의 브랜드라고 깨닫는 순간 기업경영 이론은 새롭게 다가오게 된다. MBA 이론은 곧 자기경영이 된다. 실제로 그렇다.

이와 관련해 우선 기업경영을 살펴보도록 하자.

기업에서는 비전과 더불어 사명을 가르친다. 기업은 단순히 비전으로는 큰 성과를 내기 어렵다. 모든 직원들의 가슴을 뜨겁게 할 사명을 비전과 짝으로 정립해야 한다. 나아가 기업은 비전과 사명을 이루기 위해 핵심가치(Core Value)를 정립하고, 핵심역량(Core Competency)을 지속적으로 강화한다. 핵심가치는 기업의 행동 윤리, 행동 지침을 의미하고, 핵심역량은 기업이 보유하고 있는 총체적인 기술, 지식, 문화 등 핵심을 이루는 능력을 말한다. 이는 1990년 미시간대학 비즈니스 스쿨의 프라할라드(C.K. Prahalad) 교수와 런던 비즈니스 스쿨의 게리 하멜(Gary Hamel) 교수가 발표한 이론이다. 나아가 기업의 상황과 외부 환경에 맞는 전략을 때에 맞게 수립 시행해야 한다.

또 톰 피터스, 피터 드러커와 함께 세계 3대 경영석학으로 평가받고 있는 경영전략의 세계 최고 권위자인 마이클 포터(Michael E. Porter)는 가치사슬(Value Chain)이라는 이론을 통해 기업의 이익을 극대화 할 수 있는 획기적인 모델(Model)을 제시했다. 이 모델은 특이하게 기업의 활동을 주활동(Primary Activities)과 지원활동(Support Activities)로 나눈다.

　여기서 주활동은 제품의 생산·판매·마케팅·서비스 등과 같은 실
질적인 기업 활동을 의미하며, 지원활동은 연구개발·구매·인사·재
무 등 실무를 지원하는 제반업무를 의미한다. 즉 주활동은 실제 제품
이나 서비스를 통해 이익을 창출하는 부문을, 지원활동은 제품이나
서비스가 원활하게 이뤄질 수 있도록 간접적으로 지원해 주는 부문을
의미한다. 이렇게 주활동와 지원활동으로 나눠 기업을 경영한다면 이
익을 극대화할 수 있다는 것이 이 이론의 핵심이다.

〈마이클 포터의 가치사슬(Value Chain)〉

그런데 근래 기업들은 지속 가능한 경영을 위해 사회적 책임을 중요시하고 있다. 즉 기업이 환경을 보호하고, 사회 공헌 활동을 통해 지역사회 발전에 기여하는 등 사회적 책임을 다할 때, 기업도 지속 가능한 경영을 할 수 있다는 것이다.

그렇다면 자기경영은 어떤가?

자기경영에도 비전과 사명, 핵심가치와 핵심역량, 사회적 책임 등의 개념이 필요하다. 자신은 어떤 비전을 품고, 어떤 사명감으로 살지를 먼저 결정해야 한다. 이의 실현을 위해 '나의 신조'와 같은 핵심가치를 정립하고, 자신이 하고자 하는 분야에 독보적인 능력, 즉 핵심역량을 강화해 나가야 한다. 물론 핵심역량을 통해 성과를 극대화하기 위해서는 지원해주는 다양한 삶의 기둥, 자신의 상황과 외부 여건에 맞는 전략도 필요하다. 나아가 성공을 지속 가능하게 만들기 위해서는 세상에 사랑을 베푸는 활동 등을 통해 사회적 책임을 다해야 한다. 그래야 성공이 지속 가능해진다.

이상에서 짧게 살펴보았듯이, 자기경영이나 MBA나 매 한가지다. 물론 앞으로 이를 체계적으로 정립한 하나의 완벽한 모델, 즉 슈퍼자기경영 비법을 상세히 살펴 볼 것이다.

Chapter 03

● 인생은 **명품 집짓기**

우리는 위대한 건축물을 보면 그 경이로움에 한동안 말을 잊곤 한다. 어떻게 지었을까가 내심 궁금해진다. 그만큼 오랜 시간 동안 각고의 노력을 들였을 것이다. 하지만 단순한 노력만으로는 부족하다. 전반적으로 어떤 규모로 어디에 어떻게 지을지에 대한 깊은 고뇌가 없다면 주변에서 흔히 볼 수 있는 초라한 집짓기로 끝나고 만다. 게다가 전체적인 설계도가 필수다. 설계도 없이 집을 짓는다는 것은 진실로 무모함 그 자체다. 아무런 성과도 얻지 못하고 그냥 시간과 비용만 낭비하게 된다.

인생도 마찬가지다. 어떻게 살 것인가에 대한 깊은 고뇌가 없다면 허송세월만 하게 된다. 나아가 인생 전반에 대한 청사진이 없어도 원하는 결과를 만들어 내지 못하고 아까운 돈과 시간만 축내게 된다. 집짓기를 한 번 들여다보자. 집은 크게 네 부분, 즉 주춧돌, 기둥, 내부 그리고 지붕 및 외부로 나눌 수 있다. 집짓기는 이 네 부분이 서로 조화가 잘 되도록 지어야 아름답고 풍요로우며 견고하게 된다. 먼저 집을 지을 때는 어디에 어떤 규모로 어떤 용도로 지을지를 결정해야 한다. 이것이 결정되면 원하는 곳에 원하는 용도와 규모로 주춧돌을 쌓아야 한다. 이 주춧돌은 집의 기틀로 인생에 비유하면 사명과 비전, 나의 신조와 같은 역할을 한다.

나는 어떤 사명감으로 사회에 기여하며 어떤 꿈을 위해 살 것인가?
이러한 사명과 비전을 위해 어떤 신조로 삶을 영위해 나갈 것인가를 결정하는 것이다. 사실 집이 주춧돌에 의해 규모, 용도가 결정되듯이 인생도 사명과 비전에 의해 대부분 결정된다. 하지만 사명과 비전은 하루아침에 드러나지 않는다. 오랜 고뇌, 실패와 응전 속에서 피어나게 된다. 비바람에 젖지 않고 피는 꽃이 어디 있으랴. 세상의 모든 아름다운 꽃도 비바람에 젖으며 피었다. 고뇌하고 도전하고 실패하고 또 도전하자. 그렇다면 그 속에서 자신의 사명과 비전은 자연스럽게 꽃 피게 된다.

그런데 사람의 능력, 시간 등은 한정되어 있다. 즉 사람은 모든 것을 다 가질 수 없는 존재다. 따라서 무언가를 하고자 할 때는 반드시 자신의 능력, 주변의 상황 등을 고려해서 추진해야 한다. 그렇지 않으면 원하는 결과를 얻기가 어렵다. 다시 말해 전략이 있어야 한다는 말이다. 이를 위해 자신은 어떤 강점과 약점을 가지고 있으며, 외부에는 어떤 기회와 위협 요소가 있는지를 잘 파악해야 한다. 이는 전략 수립의 필수 코스다.

다음으로 기둥이다. 주춧돌을 견고히 놓았다면 이제는 적절한 개수의 기둥을 세워야 한다. 무작정 많은 기둥을 세운다고 좋은 것은 아니다. 집을 튼튼히 하겠다고 무지막지하게 기둥 개수만 늘리면 집이 볼썽사납게 된다. 인생도 마찬가지다. 적절한 개수의 튼튼한 기둥을 세워야 한다. 그래야 삶이 심플하면서 흔들리지 않게 된다.

그렇다면 인생에는 어떤 기둥이 필요할까?

뭐니 뭐니 해도 건강을 **빼놓을** 수 없다. 그런데 건강과 쌍으로 생각해야 하는 것이 있다. 바로 자산이다. 자본, 즉 돈으로 생각해도 된다. 일명 복록과 수명이다. 돈 없이 목숨만 길면 거지같은 인생이 된다. 또한 돈은 많은데 건강하지 못하면 아무 짝에도 쓸모가 없게 된다. 그렇기 때문에 건강과 자산은 별개로 생각하면 안 된다. 항상 짝으로 생각해야 한다. 물론 돈을 인생의 목적으로 생각하면 곤란하다. 돈이 인생의 목적이 되는 순간 삶은 피곤해지고 의미와 가치를 상실하게 된다. 단순히 돈 벌기 위해 태어났다고 한 번 상상해 보라. 정말 삶이 비참해진다. 삶이란 그 이상의 무언가가 있어야 한다. 절대 돈을 삶의 목적으로 비정하는 일은 없어야 한다. 하지만 돈은 매우 중요한 인생 기둥임에는 틀림없다. 절대 간과하면 안 된다. 그렇기 때문에 건강과 자산을 삶의 양대 기둥으로 삼아 이를 튼튼히 하는 일을 게을리 하면 안 된다. 이를 게을리 하는 순간 삶은 심하게 흔들리게 된다.

그 다음으로 생각해 볼 수 있는 삶의 기둥은 바로 독서다.

아무리 건강하고 돈이 많다고 해도 삶에 대한 통찰력, 지혜가 없다면 삶은 순식간에 흔들리게 된다. 왜 살아야 하는지, 어떻게 살 것인지에 대한 해답은 바로 독서에서 나온다. 그렇기 때문에 독서는 삶의 중심축이다. 삶의 중심을 잡아주는 것으로 독서만한 것이 없다. 이외에도 인맥과 언어 등의 삶의 기둥을 생각해 볼 수 있다. 혼자가면 빨리 가지만 함께 가면 멀리 간다. 무언가를 하기 위해서는 타인의 힘은 매우 중요하다. 마찬가지로 글로벌 시대에는 언어 능력도 간과하면 안 된다. 아시아 시대에 영어는 물론 중국어 등 다양한 아시아 국가의 언어에 능통해야 해야 한다. 소통하고 설득해야 한다. 어떻게 세치 혀를 통제하느냐에 따라 인생은 크게 달라진다.

물론 이외에도 더 많은 삶의 기둥이 필요할 수 있지만 그렇다고 무작정 아무 기둥만 세운다고 좋은 것은 아니다. 투자 대비 성과를 염두에 두고 해야 한다. 그렇기 때문에 먼저 건강, 자산, 독서, 인맥과 언어라는 다섯 기둥을 우선 튼튼히 하는 활동을 게을리 하지 말아야 한다.

자, 기둥을 세웠다면 이제는 집의 내부를 꾸며야 한다.

집의 내부를 꾸민다는 것은 바로 자신이 하고자 하는 분야에 매두몰신(埋頭沒身)해 멋진 성과를 만들어 내는 것을 의미한다. 자신이 좋아하고 잘 할 수 있는 일을 찾아 이에 모든 것을 걸어야 한다. 그렇다면 언젠가 멋진 성과를 만들어 내게 된다. 그런데 이러한 성과를 내기 위해서는 단계별로 접근하는 것이 여러 가지로 이점이 있다. 즉 '차별적 지식, 치밀한 계획, 과감한 실행, 탁월한 성과, 효율적 홍보, 지속적 관리'라는 6단계를 별개가 아닌 하나의 틀로 보고 남들이 가지 않은 길을 기꺼이 가야 한다. 그렇다면 먼 후일 최고의 종결자가 될 것이다. 즉 성공을 하게 된다는 말이다.

하지만 많은 사람들이 성공이라는 달콤한 열매를 잠시 맛보다가 이슬처럼 사라지고 만다. 성공이 지속 가능하지 않고 일시적으로 끝나고 만다면 그동안의 모든 수고가 한순간 물거품이 된다. 누구도 원치 않은 일이다. 기필코 지속 가능해야 한다. 즉 지붕을 올리고 창문을 만들며 집짓기를 마무리하듯이, 성공을 견고히 하면서 동시에 사회 공헌 활동 등을 통해 외부와 끊임없이 소통해야 한다. 그래야 성공이 완벽해지고 삶은 의미와 가치를 가지게 된다.

앞서 간략히 살펴보았듯이, MBA가 자기경영이듯이, 인생은 명품 집짓기이기도 하다. 이왕에 집을 지을 거라면 명품으로 짓는 것이 좋다. 인생도 마찬가지다. 자, 이제 노예 인생, 상품 인생이 아닌 명품 인생이라는 위대한 집을 다 같이 본격적으로 지어보자.

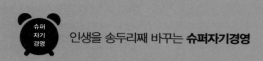
인생을 송두리째 바꾸는 **슈퍼자기경영**

제2부

인생을 송두리째 바꾸는
슈퍼자기경영

Chapter 01

● 1단계

삶을 견고하게 하라

> 꿈을 품어라. 꿈이 없는 사람은 아무런 생명력도 없는 인형
> 과 같다. **-그라시안**

집은 어디에 어떻게 주춧돌을 놓을지에 따라 집의 용도, 규모 등 대부분이 결정된다. 인생도 마찬가지다. 어떤 꿈을 꾸느냐에 따라 자신의 인생의 가치와 미래가 판가름 난다.

사명과 비전

● 우리에게 삶의 의미란? ●

삶이란 무엇인가? 왜 살아야 하는가? 매우 원론적인 질문이다. 이에 대해 역사 이래 시원스럽게 대답해 준 사람이 있는지 궁금하다. 어쩌면 아직도 인간은 이에 대한 해답을 무던히 찾고 있는지도 모른다. 하지만 이러한 질문에 대한 납득할 만한 대답을 얻을 수 있는지와는 무관하게 이 세상에 태어나는 순간 우리는 주어진 삶의 시간을 스스로의 노력으로 슬기롭게 개척해 나가야 한다. 삶이란 무엇인지 왜 살아야 하는지에 대한 명확한 해답을 얻을 수 있는지와는 별개로 말이다. 자신의 삶을 그 누구도 대신해 줄 없다는 절박함으로 살아가야 한다.

푸르디푸른 하늘 위에 뽀얀 속살을 드러내고 있는 뭉게구름조차도 어떻게 만들어져 어디로 흘러가는가를 궁금해 하던 그때 그 시절, 우리 모두는 때 묻지 않은 순수한 마음으로 삶이란 무엇이며 왜 살아야 하는가를 늘 궁금해 했을 것이다. 하지만 원하고 갈구한 것과는 무관하게 아직도 그 해답은 묘연하기 그지없다.

그럼에도 불구하고 우리는 우리 모두의 삶을 뜨겁게 살아야 한다. 그것도 아주 열정적으로 멋지게 말이다. 삶이 한창인 지금 다른 무엇을 생각할 수는 없지 않은가? 자신의 의지와 무관하게 이 세상의 빛을 쏘였다고 허공에다 하소연 해 봤자 아무런 소용이 없다. 결국 우리는 우리 스스로 삶이란 무엇인지 정의하고 왜 살아야 하는지에 대한 의미를 부여해야 하는 숙명을 타고난 것이 아닐까?

그렇다. 어쩌면 우리 인간은 정자와 난자라는 순백의 결합으로 순백의 빛을 쏘이며 태어나 순백의 삶이라는 도화지 위에 스스로의 판단으로 무지갯빛 삶이라는 하나의 위대한 작품을 그릴 수 있는 특권을 부여받았는지도 모른다.

즉 이 우주는 우리 스스로 삶을 정의하고, 삶의 의미와 목적을 부여하길 원하고 있는 것이다. 한편으로 무책임해 보이는 우주가 오히려 넓은 아량을 가진 그 무엇으로 다가오는 순간이다. 누가 시켜서가 아닌 스스로 삶을 결정할 수 있는 인생의 여백을 두었다니 이 얼마나 행운인가?

결국 인생은 불행이 아닌 행운이 된다. 우주가 준 행운이기에 커도 너무 큰 행운이다. 이러한 행운을 놓치는 사람은 복 없는 사람이다. 따라서 복 있는 사람이 되기 위해서라도 우리는 이 행운을 아주 힘 좋게 멋지게 휘어잡아야 한다.

그런데 문득 이런 생각이 뇌리를 강하게 스치고 지나가며 우리를 허탈하게 만든다.

'하지만 어떻게 이 행운을 잡을 수 있을까?'

그래, 문제는 방법이다.

누구나 이 방법을 알았다면 모든 사람이 행운아가 되어 세상에 나름의 자취를 남기며 소위 말하는 '성공한 사람'이 되었을 것이다. 역사 이래 대다수의 사람들이 그렇고 그런 99%의 평범한 삶을 산 것으로 봐서 이 방법을 아는 사람이 별로 없을 성 싶다. 하지만 원하고 갈구하며 게다가 즐기기까지 하는 사람에게 그 해답의 문을 끝까지 잠그며 버틴 적은 없다.

분명 방법은 있다. 바로 이 책을 통해 그 방법을 시원스럽게 제시하고자 한다. 지금부터 그 방법의 문을 활짝 열어 제치기 위한 큰 걸음을 다 같이 성큼 디뎌 보자.

● 꿈다운 꿈 ●

사람들은 인생의 행운아가 되기 위해서는 대개 꿈이 있어야 한다고 말한다. 즉 성공하기 위해서는 꿈을 꿔야 한다는 것이다. 그것도 아주 생생하게 말이다. 하지만 꿈만 꾼다고 그 꿈이 현실이 되기란 넓디넓은 사막을 나침반 하나 없이 건너는 것처럼 상상 이상으로 힘들고 어렵다. 당연히 꿈은 그저 오아시스의 신기루 같은 허망한 그 무엇으로 사라질 공산이 크다. 그렇기 때문에 꿈이 현실이 되게 하기 위해서는 꿈을 생생하게 꾸는 것 이상으로 특별한 방법이 있어야 된다. 그렇다면 그 방법이 무엇일까?

우선 자신의 꿈, 즉 비전에 '사명(Mission)'을 둘도 없는 짝꿍으로 두어 언제 어디서나 착 달라붙게 만들어야 한다. 좀 더 자세히 설명해 보자. 우리는 '사명감(使命感)'이라는 말을 종종 쓴다. 사명감이란 주어진 임무를 잘 수행하려는 마음가짐을 의미한다. 즉 사명이란 어떤 임무를 말하는데, 구체적으로 어떤 임무이냐는 개개인 혹은 조직마다 다를 수 있다. 다만 이 임무는 나를 넘어선 사회 구성원 전체를 위한 특별한 역할을 의미한다. 다시 말하면 개인이나 조직의 사회적 책임 (Social Responsibility) 정도로 이해하면 된다.

스티브 잡스는 애플을 설립 후 고전을 면치 못했다. 함께 일하면서 회사의 가치를 키울 사람이 절실했다. 그래서 당시 펩시콜라 사장인 존 스컬리를 찾아갔다. 당연히 존 스컬리는 신생 기업 애플에 별 관심이 없어 일언지하에 같이 일할 것을 거절한다. 이때 스티브 잡스는 "나머지 인생을 설탕물이나 팔 건가요? 아니면 나와 함께 세상을 바꿀 건가요?(Do you want to sell sugar water for the rest of your life, or do you want to come with me and change the world?)"라며 신의 한 수를 둔다.

스티브 잡스가 말한 '세상을 바꾼다'는 것이 바로 사명이요 사명감이다. 사명감은 사람의 가슴 속을 아주 뜨겁게 달군다. 스티브 잡스의 한마디에 존 스컬리는 그동안 자신이 설탕물이나 팔면서 세상의 발전에 전혀 기여를 못하고 살았다는 것을 절감 또 절감한다. 그렇게 그는 스티브 잡스와 함께 애플을 세계적인 기업으로 만들어 세상의 발전에 기여한 기업가로서 사회적 책임을 다한다. 만일 그날 스티브 잡스가 단순히 함께 돈이나 좀 벌어보자고 제안했다면 존 스컬리가 과연 움직였을까? 당연히 아니올시다이다.

하버드 비즈니스 스쿨은 그들의 미션을 '세상에 차이를 만들 인재를 양육하는 것(To educate leaders who make a difference in the world)'으로 규정하고 있다. 다시 말해 세상을 바꿀 인재를 만드는 것이 그들의 역할이자 미션인 것이다. 이 미션에 가슴 뜨겁게 감동한 사람들이 벌떼 같이 모여드니 자연스럽게 세계 최고의 비즈니스 스쿨로 발돋움한 것이다.

존슨앤존슨은 1943년 설립 당시 설립자에 의해 직접 작성된 우리의 신조(Our Credo)에 고객, 직원, 주주, 사회 구성원들을 위한 그들의 미션을 명확하게 규정하고 있다. 이것이 추동력이 되어서 오늘날 존슨앤존슨은 세계 최고의 글로벌 기업이 되었다.

하지만 주변을 살펴보면 미션은커녕 꿈을 가지고 있는 사람도 그리 많지 않다. 그냥 살아 있으니 바람 가는 대로 구름 흐르는 대로 살아가는 사람이 적지 않다. 안타까운 현실이다. 그렇기에 따가운 아침 햇살이 오히려 반가울 리 없고 몸은 천근만근 무겁다. 그래서 사람들은 말한다. 아침에 자신의 의지대로 활기차게 일어나 하루를 시작하는 사람은 분명 꿈이 있는 사람이고 행복한 사람이라고. 틀린 말이 아니다.

꿈이 있는 사람은 산송장처럼 늦게까지 잘 시간이 없다. 다음날 해야 할 일을 생각한다면 어찌 늦게 까지 잠으로 하루를 때울 수가 있겠는가? 꿈은 자연스럽게 우리를 아침형 인간으로 만들어 준다. 건강한 신체조건과는 별개로 오직 꿈의 힘으로 말이다.

그런데 사람들이 바라는 꿈은 대게 남보다는 자신을 위한 것이다. 사람들은 곧잘 타인이 아닌 자신만의 안위를 위하는 일에는 협력은커녕 시기하고 질투하며 방해한다. 하고자 하는 일이 나 자신이 아닌 타인을 위한 것이라고 고래고래 소리를 질러도 들은 채 만 채 하는 것이 인간사다. '왜 하필 당신이 그 일을 해야 하지?'라는 식이다. 하물며 오직 자신만을 위한 일에 누군들 도움의 손길을 내밀겠는가? 이것이 현실이다. 그렇기 때문에 꿈이란 그리 쉽게 이루어지지 않는다. 자신의 노력만으로는 한계가 있다는 이야기다.

그럼 어떻게 해야 할 것인가?

그렇다. 바로 미션이다. 꿈에 미션을 함께 장착해 이를 펼쳐야 한다. 그렇다면 자신도 꿈을 이루는 일에 지치지 않고 매진할 수 있고 타인의 협력도 이끌어 내 지속 가능한 성공을 일굴 수 있는 견고한 주춧돌을 놓을 수 있게 된다. 결국 자신의 꿈이 꿈다운 꿈이 된다. 스티브 잡스의 애플, 하버드 비즈니스 스쿨, 존슨앤존슨의 경우가 이를 잘 말해 준다.

정리하면 개인이든, 회사든 지속 가능한 성공을 이루려면 단순히 비전만으로는 부족하다. 나뿐만 아니라 다른 모든 이해관계자들의 가슴을 영원히 식지 않게 뜨겁게 달궈 협력을 이끌어 내려면 반드시 사명이 있어야 한다. 사명이란 바로 타인과 더불어 지속 가능한 성공으로 가는 첫걸음이다. 따라서 사명과 비전을 별개로 생각지 말고 하나의 짝으로 여겨 둘을 동시에 정립해야 한다.

그대 꿈을 꾸고 있다면 미션을 함께 달아라. 그럼 꿈에 날개가 달려 보다 높게 보다 멀리 하늘을 훨훨 날 것이다.

● 꿈은 결코 그냥 생기지 않는다 ●

그런데 꿈은 결코 하루아침에 생기지 않는다. 어느 날 갑자기 뚝하고 내 앞에 떨어지지 않는다는 말이다. 세상에 공짜 없다는 말은 꿈에도 해당된다. 꿈을 갈구하고 스스로의 의지로 찾아 헤매야 만이 만날 수 있다. 물론 간혹 태어날 때부터 천재인 사람은 운명적으로 자신의 꿈이 결정되기도 한다. 하지만 그런 사람은 극소수다.

그렇다면 평범한 우리는 어떻게 해야 꿈을 가질 수 있을까?

제일 좋은 방법은 뭐든 도전하는 것이다. '도전하면 어떻게 꿈이 생기나요?'라고 질문할 수 있다. 자, 생각해 보자. 처음부터 성공하는 사람은 별로 없다. 만일 처음부터 성공하면 이는 오히려 더 위험하다. 종국에는 헤어날 수 없는 실패로 귀결될 가능성이 농후해진다. 중국 송나라 학자인 정이는 '인생 삼불행(人生三不幸)'으로 '소년등과(小年登科, 어린 나이에 과거에 급제해 출세하는 것)', '석부형제지세(席父兄弟之勢, 대단한 부모 형제를 만난 것)', '유고재능문장(有高才能文章, 높은 재주와 뛰어난 문장력을 지닌 짓)'을 꼽았을 정도니 말이다. 이 세 가지가 왜 불행으로 귀착되는지 곰곰이 생각해 볼 일이다.

하여튼 도전하면 으레 실패를 경험하게 된다. 그런데 생명은 절대 실패에 무반응하지 않는다. 실패라는 작용이 있으면 오기라는 반작용이 반드시 따라온다. 작용반작용 법칙은 우주 법칙이요, 곧 인간 법칙이다. 이 오기는 강력한 에너지를 발휘한다. 그래서 자신으로 하여금 꿈을 잉태케 한다. 이전에는 오아시스의 신기루 같은 꿈이 서서히 발아하며 선연히 눈에 드러나기 시작한다. 그렇게 꿈을 향한 첫 발을 성큼 내딛게 되는 것이다. 이것이 바로 생명의 위대함이다.

주변을 살펴보라. 대게 성공한 사람들이 그렇다. 특별한 계기가 있었고 또한 도전이 있었다. 도전하고 실패하고 또 응전하며 그 속에서 성장해 결국 성공에 이른다. 마냥 아무 생각 없이 있으면 꿈도 성공도 없다. 도전할 일을 찾아보자.

하도 못해 동물도 식물도 도전한다. 동물은 끊임없이 먹이를 찾아 돌아다니며 스스로의 삶에 도전한다. 식물은 뿌리를 박고 있기에 그렇지 않다고 생각하는가? 절대 그렇지 않다. 식물도 도전한다. 식물은 보다 아름다운 꽃을 피우기 위해 분투한다. 그 꽃으로 벌 같은 곤충을 유인한다. 그렇게 해서 자신의 씨앗을 보다 멀리 보다 넓게 퍼트린다. 식물이라고 가만히 주어진 양분만 흡수하며 산다고 생각하면 오산이다. 식물도 환경에 적응하며 능동적으로 환경의 변화에 동참한다. 그래야만 종족을 보존할 수 있기 때문이다.

하물며 인간은 어떠하겠는가? 지혜를 가지고 있으며 삶에 대한 깊은 통찰력을 가진 사람이라면 도전은 그의 삶 자체가 되어야 한다. 도전이 두려운가? 그렇다면 다음의 다소 쇼킹한 이야기를 한 번 들어보자. 실화다.

가까운 중국의 어느 기업의 실제 사례다.

이 기업은 화상약을 연구개발해 판매하는데, 관광객을 대상으로 회사를 소개하는 견학 프로그램을 운영한다. 그런데 이 견학 프로그램을 눈으로 직접 본다면 매우 놀랄 것이다. 왜냐하면 한 인턴사원이 불로 달궈진 쇠사슬을 들고 나와 사람들이 보는 앞에서 자신의 팔뚝에 갖다 대여서 화상을 입는 체험을 하기 때문이다. 그야말로 쇼킹 자체다. 이 회사는 이러한 시연을 통과한 사람만 정식 사원으로 뽑는다고 한다.

그런데 왜 이런 프로그램을 운영할까?

그렇다. 사람이란 원래 태어날 때 모두 순백의 백지 상태다. 무엇을 경험하고 무엇을 담느냐에 따라 순백의 도화지가 그에 따라 채워지는 것이다.

결국 이 이야기에서 인턴사원이 직접 화상을 입고 그 고통을 직접 느껴 봤을 때 비로소 화상약의 필요성을 절감하게 되는 것이다. 훗날 이 고통의 쓰라림은 언젠가 도전을 통해 기쁨의 달콤함으로 변신하는 것이다. 이 회사의 화상약이 세계적으로 유명한 것은 다 이유가 있는 것이다.

어느 유명 작가는 "가난한 가정, 불우한 환경으로 인해 온갖 허드렛일을 하다 보니 그 속에서 다양한 도전을 하게 돼 결국 오늘의 빛나는 나가 되었다. 그런데 예전에는 단지 이를 고통으로만 생각했었다"고 말한 적이 있다.

젊은 날의 시련과 고난은 언제나 도전이라는 내편을 만든다. 도전하다 보면 분명히 꿈도 생긴다. 꿈을 원한다면 지금 바로 도전하자.

나의 신조

● 개인의 핵심가치 ●

딱히 할 일 없이 노는 것이 과연 행복할까?

사람들은 노는 것이 편하고 행복할 거라고 착각 아닌 착각을 할 수도 있다. 하지만 이는 결코 행복과는 거리가 멀다. 무위도식하는 시간은 남들이 보기에는 편해 보일지 모르지만 실제로는 사는 게 곤욕이다. 건강한 사람이라면 반드시 목표를 갖고 삶을 영위해야 한다. 그렇지 않으면 하루가 너무도 길어 사람을 지치게 만든다. 사람은 살아 움직일 때 진정 행복하다. 도전하며 팔딱팔딱 뛰는 삶을 살 때, 진정한 행복을 느낄 수 있고 성과도 충실해지기 마련이다.

도전하는 삶은 진정 아름답다.

지루하지 않은 인생, 매일 새로운 인생을 살 수 있기에 아름답다.

맞닥뜨리는 난관을 극복하려고 몸부림치다 보면 자연스럽게 일신우일신(日新又日新)하는 삶을 살게 된다. 그렇기에 항상 설레는 아침을 맞을 수 있는 것이다. 또 도전하게 되면 으레 겪게 되는 시행착오는 사람의 의식을 급속도로 성장시킨다. 세상을 보는 안목도 넓어지고 인생을 대하는 태도도 바뀌게 된다.

그런데 무작정 아무런 규율이나 규범 없이 행동하며 도전하면 아까운 돈과 시간만 낭비한 채 원하는 성과를 얻지 못할 수도 있다. 그저 도전이 취미 생활 이상을 벗어나지 못하는 것이다. 세상 모든 일에는 과정과 결과가 있다. 과정도 중요하고 결과도 중요하다. 만사 양면을 볼 줄 알아야 한다. 과정 없이 원하는 결과를 얻을 수 없고, 목표하는 바의 결과를 명확히 설정하지 않으면 올바른 과정을 밟기가 어려워진다.

그래서 시행착오를 줄이며 도전을 통해 꿈을 이루기 위해서는 명확한 행동 규율이나 규범이 있어야 한다. 이를 일러 핵심가치(Core Value)라고 한다. 좀 더 쉽게 풀어쓰면 좌우명 혹은 '나의 신조'이라고 보면 된다. 무턱대고 말과 행동을 하는 것이 아니라 자신의 신념, 자신이 추구하는 가치에 기반을 두고 말과 행동을 하는 것을 의미한다. 그래서 핵심가치는 자신의 생각, 말과 행동에 깊게 체화된다. 체화된 생각, 말과 행동은 엄청난 에너지를 뿜어내며 자신을 몰라보게 변모시킨다.

우리가 익히 잘 알고 있는 장원급제를 아홉 번이나 한 율곡 이이(李珥) 선생도 마찬가지다. 물론 이이 선생은 태어날 때부터 비범했다. 그런데 자기 수양의 규범으로 삼고자 지은 자경문(自警文)이라는 특별한 신조, 즉 핵심가치에 기반을 두고 매일 자신을 갈고 닦으며 비범함에 한층 날개를 달아 성인의 경지에 이르게 된다.

그 내용은 간추리면 아래와 같다.

첫째, 뜻을 크게 세워 성인의 경지에 도달할 때까지 끊임없는 노력을 한다.

둘째, 마음을 안정시켜 쓸데없는 말과 행동을 삼간다.

셋째, 마음의 중심을 항상 잡는다.

넷째, 혼자 있을 때 더욱 조심한다.

다섯째, 실천이 없는 학문은 무용한 것이다.

여섯째, 물욕과 영예에 마음을 두지 않는다.

일곱째, 하고자 하는 일에 성의를 다한다.

여덟째, 천하를 위한다 해도 죄가 없는 자를 한 사람이라도 상하지 않게 한다.

아홉째, 아무리 난폭한 사람이라도 감화시켜 이끈다.

열째, 게으름과 수면을 탐내지 않는다.

열한째, 수양과 공부는 초조해하지도 풀어지지도 말고 끈기 있게 한다.

근래 우리의 시선을 사로잡는 광고가 하나 있다. 바로 의자 광고다. 이 광고에는 "의자가 자세를 바꾸고, 자세는 태도를 바꾸고, 태도는 성적을 바꾸고, 급기야 인생을 바꿀지도 모른다"라는 카피가 등장한다. 이 짧은 카피 속에서도 인생에 대한 깊은 통찰력이 숨어 있다. 즉 사소해 보이는 작은 행동도 종국에는 큰 변화를 이끌어 낼 수도 있다는 것이다.

● 가문의 핵심가치 ●

물론 이 핵심가치는 가문의 경우에도 적용될 수 있다. 그 예를 우리 나라에서 한 번 찾아보자.

400년 동안 9대 진사와 12대 만석꾼을 배출한 경주 최 부자집은 우 리나라 노블레스 오블리주의 상징이다. 최 부자집 파시조(派始祖)인 최 진립(崔震立)부터 약 200년 동안 경주시 내남면에서 살다가, 최언경 (崔彦璥 1743~1804)이 신라 무열왕의 첫째 딸 요석공주가 살았던 요석 궁에 터를 잡아 정착했다. 요석궁은 요석공주와 원효대사가 만난 곳 이며, 이두(吏讀)문자를 만든 신라의 대학자 설총이 태어난 곳이기도 하다.

정확히 언제부터 만들어졌는지는 알 수 없지만 최 부자집에는 불문 율처럼 내려오는 가훈이 있다. 육훈(六訓)과 육연(六然)이 바로 그것이 다. 이 가훈에 따라 진사 이상의 벼슬을 금했고, 만석 이상의 재산을 모으지 않았다. 또한 찾아오는 과객을 후하게 대접하고, 흉년에 남의

논밭을 사들이지 않았다. 며느리는 3년 동안 무명옷을 입고 사방 100리 안에 굶어 죽는 사람이 없게 했다.

실제로 최 부자집은 1년에 생산하는 3천 석 정도의 쌀 중에서 1천 석은 사용하고, 1천 석은 과객에게 베풀었으며, 나머지 1천 석은 어려운 이웃에게 나눠줬다고 한다. 일제강점기에는 신돌석 장군과 그 외 수많은 독립운동가들의 은신처로 제공되면서 독립운동의 근거지 역할을 하기도 했다.

최 부자집의 마지막 부자인 최준은 백산 안희제(安熙濟)와 함께 백산상회를 설립해 막대한 독립자금을 제공하다가 체포되어 모진 고문을 당하기도 했다. 현재 최 부자집의 전 재산은 최준의 뜻에 따라 대구대학교에 기부됐다.

부자가 3대 가기 힘들다는 말이 있다. 하물며 400년 이상 부를 지속하면서 이렇듯 살아 숨 쉬는 노블레스 오블리주를 실천하는 힘은 과연 어디서 나오는 걸까? 그것은 바로 최 부자집의 육훈(六訓)과 육연

(六然)이라는 핵심가치로부터 나오는 것이 아닐까? 새로운 지속 가능한 가치를 만들어 내는 힘이 바로 몇 마디 글 속에 고스란히 용해되어 있는 것이다. 그 내용은 아래와 같다.

육훈(六訓)과 육연(六然)

육훈(六訓)

1. 과거를 보되, 진사 이상의 벼슬은 하지 마라.
2. 재산은 만 석 이상 지니지 마라.
3. 과객을 후하게 대접하라.
4. 흉년기에는 땅을 사지 마라.
5. 며느리들은 시집온 후 3년 동안 무명옷을 입어라.
6. 사방 백 리 안에 굶어 죽는 사람이 없게 하라.

육연(六然)

1. 자처초연(自處超然): 스스로 초연하게 지내고

2. 처인애연(處人靄然): 남에게 온화하게 대하며

3. 무사징연(無事澄然): 일이 없을 때 마음을 맑게 가지고

4. 유사참연(有事斬然): 일을 당해서는 용감하게 대처하며

5. 득의담연(得意澹然): 성공했을 때는 담담하게 행동하고

6. 실의태연(失意泰然): 실의에 빠졌을 때는 태연히 행동하라.

정말 간결하면서 가문의 정신이 용해된 멋진 명문이다. 만일 가문을 흥하게 하고자 한다면 꼭 참고할 필요가 있다.

● 기업의 핵심가치 ●

이 핵심가치의 개념은 주지하듯이 원래 기업경영 이론으로부터 나왔다. 그 대표적인 사례를 해외 글로벌 기업에서 한 번 찾아보자.

존슨앤존슨(Johnson & Johnson)은 1886년 존슨가 형제들이 창립한 미국의 종합 제약회사다. 본사는 뉴저지 주 뉴브런주윅에 있다. 초기 수술용 붕대를 제조해 큰 성공을 거뒀다. 이후 다양한 의약품을 개발해 성장하면서 오늘날과 같은 세계적인 글로벌 대기업으로 자리매김했다. 전 세계 57개국에 250여 지사 및 자회사가 있으며, 175여 개국에 제품이 판매되고 있다.

우리가 흔히 접하는 진통제 타이레놀, 존슨즈 베이비로션, 벤드에이드 등을 생산 판매하고 있으며 대부분 장수 제품이다. 그만큼 고객의 신뢰를 듬뿍 받고 있다는 증거다. 30년 가까이 무디스 신용평가 최고등급인 AAA를 유지하고 있으며, 세계에서 가장 존경받는 기업 중 하나다.

그렇다면 이러한 존슨앤존슨의 성공 신화는 어떻게 가능했을까?

그 답을 1943년 창업자의 손자이며 당시 최고 경영자이었던 로버트 우드 존슨(Robert Wood Johnson)이 작성한 존슨앤존슨의 '우리의 신조(Our Credo)'로부터 찾을 수 있다. 이 우리의 신조에는 고객, 직원, 사회, 주주에 대한 책임이 명확히 규정돼 있으며 창업 이후 변함없이 지켜져 오고 있다.

다음은 존슨앤존슨의 우리의 신조(Our Credo)의 내용이다. 훌륭한 글은 원문으로도 읽어보는 것이 좋을 거 같아서 번역본과 함께 올린다.

우리의 신조 (Our Credo)

　우리의 첫 번째 책임은 의사, 간호사, 환자와 환자의 가족, 그리고
우리의 제품을 사용하는 모든 사람들에 대한 것입니다. 우리는 그들
의 요구를 충족시키기 위해서, 모든 제품과 서비스의 품질을 항상 최
고로 유지합니다. 또한, 적절한 가격을 유지하기 위해서 끊임없이 비
용 절감을 위해 노력합니다. 고객의 주문은 반드시 정확하고 신속하
게 이행되어야 합니다. 우리와 거래하는 모든 파트너들이 정당한 이
익을 얻을 수 있도록 노력합니다.

　We believe our first responsibility is to the doctors, nurses and
patients, mothers and fathers and all others who use our prod-
ucts and services. In meeting their needs everything we do must
be of high quality. We must constantly strive to reduce our costs
in order to maintain reasonable prices. Customers' orders must be
serviced promptly and accurately. Our suppliers and distributors
must have an opportunity to make a fair profit.

우리의 두 번째 책임은 전세계 존슨앤존슨 직원에 대한 책임입니다. 모든 직원은 집단이 아닌 반드시 개개인으로 존중 받아야 합니다. 우리는 직원들의 존엄성을 존중하고, 그들의 장점을 높이 평가합니다. 우리는 업무에 대한 보안 규칙을 반드시 준수합니다. 직원에 대한 대우는 반드시 공정하고, 적정하게 처리되어야 하고, 근무 환경은 깨끗하고, 질서 있고, 안전하게 유지되어야 합니다. 우리는 직원들이 가족에게 책임을 다할 수 있도록 세심한 배려를 해야 합니다. 모든 직원들은 의견과 불만사항을 언제든지 자유롭게 이야기할 수 있습니다. 채용, 인재 개발, 승진 등에 대한 기회는 반드시 공평해야 합니다. 우리는 경쟁력 있는 경영진을 구축하며, 경영진은 반드시 공정하고, 윤리적으로 행동해야 합니다.

We are responsible to our employees, the men and women who work with us throughout the world. Everyone must be considered as an individual. We must respect their dignity and recognize their merit. They must have a sense of security in their jobs. Compensation must be fair and adequate, and working conditions clean, orderly and safe. We must be mindful of ways to help our employees fulfill their family responsibilities. Employees must feel free to make suggestions and complaints. There must be equal opportunity for employment, development and advancement for those qualified. We must provide competent management, and their actions must be just and ethical.

우리의 세 번째 책임은 우리가 생활하고, 근무하는 지역사회뿐만 아니라 세계 공동체에 대한 책임입니다. 우리는 훌륭한 사회구성원으로서, 선행을 하고, 기부사업을 지지할 뿐 아니라, 공정하게 세금을 부담합니다. 우리는 도시환경개선과 더 좋은 위생 및 교육환경을 촉진합니다. 우리에게 특별히 제공된 자원을 올바르게 유지관리하면서, 환경과 자연자원을 보호합니다.

We are responsible to the communities in which we live and work and to the world community as well. We must be good citizens — support good works and charities and bear our fair share of taxes. We must encourage civic improvements and better health and education. We must maintain in good order the property we are privileged to use, protecting the environment and natural resources.

우리의 마지막 책임은, 존슨앤존슨 주주에 대한 책임입니다. 우리는 건전한 이익을 창출하는 사업을 운용합니다. 우리는 새로운 아이디어를 끊임없이 창출합니다. 우리는 철저한 조사 연구 활동을 하고, 혁신적인 프로그램을 개발하고, 실패도 마땅히 감수합니다. 우리는 새로운 장비를 구매하고, 새로운 설비를 제공하고, 새로운 제품을 출시합니다. 우리는 역경에 대비한 대비책을 반드시 강구합니다. 이러한 원리원칙을 토대로 사업을 운영하여, 주주들이 정당한 이익 배당을 받을 수 있도록 노력합니다.

Our final responsibility is to our stockholders. Business must make a sound profit. We must experiment with new ideas. Research must be carried on, innovative programs developed and mistakes paid for. New equipment must be purchased, new facilities provided and new products launched. Reserves must be created to provide for adverse times. When we operate according to these principles, the stockholders should realize a fair return.

이 글을 세세히 한 번 읽어 보자. 이 글을 쓴 사람의 정신이 느껴지는가? 그래, 맞다. 핵심가치란 몸이 아닌 정신으로 말하는 것이다. 그렇기에 사람의 심금을 울리고 변화를 이끌어 낸다. 이 변화는 한 사람의 변화가 아니다. 다수의 변화다. 그렇기에 큰 물결이 되어 거대한 힘을 발휘한다.

자, 평범을 넘어 비범한 사람이 되고자 하는 사람, 평범한 가문을 넘어 비범한 가문을 만들고자 하는 사람, 평범한 직장인에서 비범한 기업을 일구고자 하는 사람이라면 핵심가치인 특별한 '나의 신조'를 만들어 보자. 그리고 이를 꾸준히 포기하지 않고 실천해 보자. 그렇다면 머지않은 장래에 분명 예전과 다른 그 무엇과 조우하게 될 것이다.

전략

● 전략적이 되라 ●

그런데 능력, 시간 같은 자원은 유한한 속성을 가지고 있다. 그렇기에 무턱대고 아무 생각 없이 일을 벌일 수는 없는 노릇이다. 이렇게 무턱대고 행동하면 십중팔구는 실패다. 결국 자신의 능력과 기타 여건에 맞는 특별한 자신만의 전략(Strategy)이 필요해진다.

전략이라고 하면 매우 거창해 보인다. 그러나 사실 별거 아니다. 전략이라는 용어는 본래 군사에서 쓰이는 낱말로, 특정한 목표를 수행하기 위한 행동 계획을 가리킨다. 군사 전략은 교전의 수행에 관련한 전술(Military Tactics)과는 구별한다. 전략은 각기 다른 교전을 어떻게 연결시킬지와 관련되어 있다. 이러한 전략의 개념은 현재 군사 분야를 넘어 사업, 경제 등 생활 전반으로 확장되고 있다.

자신이 하고자 하는 일에 대해 무결점의 전략을 수립하기 위해서는 먼저 나**(내부의 강약점)**를 제대로 파악해야 한다. 또한 적**(외부의 기회와 위협)**를 치밀히 분석해야 한다. 즉 나는 어떤 강점(Strength)과 약점(Weakness)을 가지고 있는지, 외부에는 어떤 이용 가능한 기회요인(Opportunity)이, 어떤 피해야 할 위협요소(Threat)가 있는지에 대해 항상 깨어 있어야 한다. 이를 스탠퍼드 대학에서 개발한 경영 이론인 SWOT(Strength, Weakness, Opportunity, Threat) 분석이라고 한다.

〈SWOT 분석〉

SWOT 분석은 어떤 일에 대해 매우 심플하게 분석하게 해 준다. 누구나 쉽게 따라 할 수 있다. 그렇다면 이를 어떻게 활용할 것인가? 예를 들어 보자. 요즘 주변에서 커피숍이 우후죽순처럼 생겨나고 있다. 삼포세대에다가 퇴직 후 마땅히 할 일이 없어서 일수도 있다. 하여튼 만일 자신이 커피숍을 운영할 계획이 있다면 SWOT 분석이 요긴하게 쓰일 수 있다.

우선 자신의 강약점을 분석해 보자. 바리스타 자격증, 커피숍에 근무 경험, 풍부한 자금 등이 있으면 강점이 된다. 만일 이러한 것이 없으면 약점으로 작용한다. 외부 환경은 어떤가? 다양한 문화 행사, 축제 등이 많아지고, 웰빙과 삶의 여유를 즐기려는 경향은 기회요인으로 작용한다. 반면 주변에 커피숍이 너무 많이 생겨나는 것은 큰 위협이 된다. 자, 이 정도로 간단히 분석해 보기로 하자.

그렇다면 나는 어떻게 해야 할 것인가?

답이 나온다. 강점은 늘리고, 약점은 줄여야 한다. 또한 기회를 최대한 활용해야 하고, 위협요소는 피할 수 있는 방법을 찾아야 한다.

어쨌든 커피숍을 운영할 생각이라면 남들이 잘 하지 않는 차별적인 커피숍을 운영해 보면 좋을 것 같다. 일례로 문화가 있는 커피숍이라든지.

이제 이 SWOT 분석을 자신이 하고자 하는 일에 한 번 적용해 보라. 어떻게 전략을 세워 행동으로 옮길지가 매우 선명해진다.

● 인생이라는 푸른 바다 ●

SWOT 분석이 끝났다면 이제 실행으로 옮겨야 한다.

이를 위한 유용한 경영 전략이 있다. 바로 블루오션(Blue Ocean) 전략이다. 블루오션 전략은 세계 탑 비즈니스 스쿨인 인시아드(Insead Business School)의 김위찬 교수가 제창한 최신 기업 경영전략의 하나이다. 쉽게 설명하면 이렇다.

기업은 경쟁에서 살아남기 위해 끊임없이 유혈투쟁을 해야 한다. 그렇지 않으면 생존자체가 위협받기 때문이다. 하지만 이러한 유혈투쟁(Red Ocean)은 양자 모두에게 혹독한 대가를 치르게 한다. 결국 지속 가능한 성공과는 거리가 멀어지게 된다. 따라서 지속 가능한 성공을 이루기 위해서는 뭔가 다른 특별한 전략이 필요하다. 그것이 바로 블루오션 전략이다. 블루오션 전략은 푸른 바다, 즉 경쟁이 없는 차별적 시장을 구축하는 것이다. 경쟁이 없기 때문에 남보다 보다 빨리 보다 크게 성공할 수 있다. 기업의 경우, 이러한 블루오션 전략을 이용한 대표적인 성공 사례로는 김치 냉장고 딤채, 저가 항공의 대명사 사우스웨스트, 난타 공연 등이 있다. 즉 김치 냉장고는 원래 없던 것을 창조한 것이므로 완전히 경쟁이 없는 새로운 시장을 구축한 것이다. 사우스웨스트 저가항공도, 난타 공연도 마찬가지다.

그런데 이러한 블루오션 전략은 자기경영(Self-Management)에도 그대로 적용가능하다. 개인도 경쟁이 전혀 없는 차별적인 분야를 구축함으로써 보다 빨리 보다 크게 성공할 수 있다.

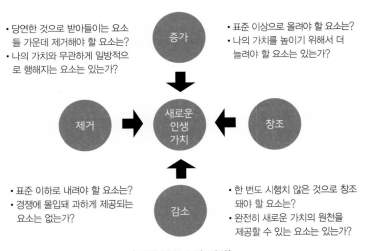

• 당연한 것으로 받아들이는 요소들 가운데 제거해야 할 요소는?
• 나의 가치와 무관하게 일방적으로 행해지는 요소는 있는가?

증가

• 표준 이상으로 올려야 할 요소는?
• 나의 가치를 높이기 위해서 더 늘려야 할 요소는 있는가?

제거 ➡ 새로운 인생 가치 ⬅ 창조

• 표준 이하로 내려야 할 요소는?
• 경쟁에 몰입돼 과하게 제공되는 요소는 없는가?

감소

• 한 번도 시행치 않은 것으로 창조돼야 할 요소는?
• 완전히 새로운 가치의 원천을 제공할 수 있는 요소는 있는가?

〈인생 블루오션 전략〉

인생 블루오션 전략에서처럼 자신이 현 상황에서 새롭게 창조해야 할 요소, 제거해야 할 요소, 감소시키거나 증가시켜야 할 요소를 정리해 꾸준히 실행에 옮겨 보자.

그렇다면 인생이라는 푸른 바다(Blue Ocean)로의 항해는 당신의 몫이 된다.

1단계
견고한 인생 주춧돌 쌓기

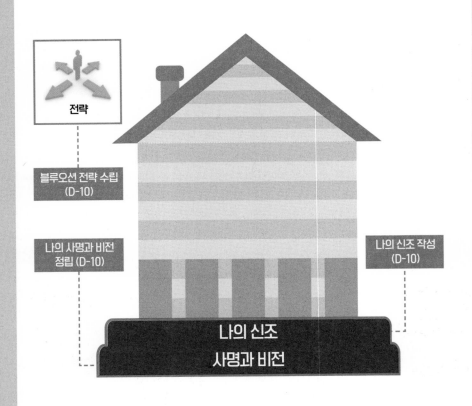

전략

블루오션 전략 수립
(D-10)

나의 사명과 비전
정립 (D-10)

나의 신조 작성
(D-10)

나의 신조

사명과 비전

지속 가능한 가치를 위한 인생의 주춧돌을 견고하게 쌓았다.
이제는 인생의 기둥을 튼튼히 할 차례다.

인생을 송두리째 바꾸는 슈퍼자기경영 : 견고한 인생 주춧돌 쌓기

1. 사명과 비전

나를 넘어 타인, 사회 그리고 세상의 지속 가능한 발전과 성공에 기여하기 위한 자신의 사명과 미래에 되고자 하는 자신의 모습인 비전을 깊이 생각한 후 적어 보세요.

나의 사명:

나의 비전:

2. 나의 신조

이러한 사명과 비전을 달성하기 위한 행동 규범이자 삶의 지침으로써의 핵심가치인 나의 신조를 적어 보세요.

3. 전략

자신이 추구하는 분야 혹은 관심 분야에 SWOT 분석과 인생 블루오션 전략을 적용해 나를 남과 다른 특별함을 갖게 해 보세요.

- **SWOT 분석**

강점(Strength)	약점(Weakness)
기회(Opportunity)	위협(Threat)

- **인생 블루오션 전략**

창조	제거
증가	감소

Chapter 02

● 2단계
흔들리지 않는 삶의 기둥을 세워라

우리가 앞서 대비하고 준비한 것은 거의 실패하는 일이 없었다. -디즈레일리

집은 기둥이 흔들리면 휘청거리며 무너지게 된다. 인생의 경우도 기둥이 흔들리면 사는 게 곤욕이 되고, 언제나 불안한 인생을 살게 된다. 따라서 흔들리지 않는 삶을 영위하기 위해서는 기둥을 튼튼히 하는 일을 평생 게을리 하지 말아야 한다. 이는 곧 성공적인 인생에 대한 준비다. 그렇다면 인생에는 어떤 기둥이 있으며 무엇을 준비해야 할 것인가? 이제부터 차근차근 알아보자.

건강

● 진정으로 소중한 바로 그것 ●

세상에서 제일 소중한 존재는 자기 자신이다. 이 말에 토를 달 사람은 없을 것이다. 왜냐하면 자신이 존재하지 않으면 우주도 세상도 존재할 수 없기 때문이다.

그런데 이렇듯 소중한 나라는 존재의 안정성, 영속성과 직결되는 것은 바로 '건강'이다. 한마디로 건강하지 않으면 나라는 존재의 생존 자체가 위협을 받는다. 따라서 당연히 첫 번째 인생 기둥은 건강이다.

"돈을 잃으면 조금 잃는 것이요, 명예를 잃으면 많이 잃은 것이고, 건강을 잃으면 모든 것을 다 잃는 것이다"라는 말도 있지 않은가?

그런데 건강이란 매일 마시는 공기와 같아서 사람들은 이 말을 피부로 절감하며 살지 못한다. 마치 공기가 잡을 수도 볼 수도 없기에 그 존재의 소중함을 느끼지 못하는 것과 같다. 그런데 사방이 막힌 동굴 깊숙한 곳, 혹은 수천 미터의 산꼭대기, 혹은 바다 깊숙한 곳에 잠시라도 있어 본 사람은 공기가 얼마나 소중한지를 누가 말을 해 주지 않아도 금방 깨닫게 된다.

건강도 마찬가지다. 건강할 때는 잘 모른다. 건강이 얼마나 소중한지를. 하지만 만일 흔하디흔한 독감이라도 걸려 드러눕기라도 하면 새삼 깨닫게 된다. 건강이 얼마나 소중한지. 그제야 지난날 함부로 자신을 내동댕이치듯 산 삶을 후회하게 된다. '진작 건강관리를 잘 할걸'이라고 생각하면서 말이다.

그런데 독감에 걸린 경우 웬만히 약한 몸이 아니라며 며칠, 몇 주 정도 고생하면 금세 회복된다. 하지만 암이나 불치병에라도 걸린다면? TV 등 방송 매체를 통해 우리는 종종 접한다. 암과 같은 최악의 질병에 걸린 사람들은 대개 자신이 하고 있던 일을 모두 버리고 이후 삶을 오로지 건강 회복을 위해 전념하는 것을. 몸이 아프니 다른 일을 전혀 할 수가 없는 것이다. 더 큰 문제는 건강이 단 시간에 회복되지 않는다는 점이다. 아니 재수 없으면 영영 운명을 달리 할 수도 있다.

정말 생각만 해도 끔찍하다. 이런 삶을 원하는 사람은 이 세상에 단한 명도 없을 것이다. 하지만 세상은 그리 녹록치 않다. 먹고 살자니건강을 챙길 겨를이 없고 스트레스 관리도 뜻대로 안 된다. 그렇게 운동은 뒷전이고 술, 담배 등 몸에 좋지 않은 것을 가까이 하게 된다.

이런 생활이 쭉 반복되다 보면 어느 날 갑자기 날벼락을 맞게 된다. 그때는 희망이 절망이 될 수도 있다. 젊었을 때는 혈기왕성하고 장기가 튼튼해서 건강의 소중함을 잘 모른다. 펄펄 넘치는 힘이 언제까지라도 늘 함께 할 것처럼 생각되기 마련이다. 하지만 나이를 먹어 감에따라 오장육부의 기능이 떨어지고 어딘지 모르게 하나둘씩 탈이 난다. 결국 낭패를 당하게 된다.

사람은 생로병사(生老病死)를 벗어 날 수 없는 운명을 타고났다. 하지만 자신의 노력 여하에 따라 이를 얼마든지 늦출 수도 있고, 별 아픔없이 아름답고 풍요롭게 삶을 영위할 수도 있다.

누군들 빨리 늙고, 평생 아프게 살다가 죽고 싶을까? 절대 아니다.
하지만 건강관리에 스스로 신경 쓰지 않는다면 이러한 소망은 소망으
로만 끝날 수도 있다는 것을 명심해야 한다.

● 성공과 좌절 ●

　수많은 사람들이 오늘도 성공을 향해 앞만 보고 달린다. 족히 1만 시간, 10년은 쉬지 않고 달려야 그나마 성공에 가까이 다가갈 수 있는 마라톤 같은 모진 게임에서 과연 얼마나 승자가 될 수 있을까? 때로는 고뇌하고 좌절하며 긴 터널 같은 암흑의 시간을 홀로 의연히 견뎌내야 한다. 이에 대한 보상이 바로 성공인 셈이다. 하지만 우리가 그토록 원하고 갈구하는 성공에는 빛만 존재하는 것은 결코 아니다. 이에는 항상 좌절의 그림자가 따라 다닌다.

　그 중에서도 아주 치명적인 그림자가 바로 건강 문제다. 뒤도 되돌아 볼 겨를 없이 무작정 달리다 보면 건강을 챙길 시간이 없다. 주변에서 우리는 병원 한 번 가본 적이 없던 사람이 갑자기 유명을 달리하는 경우를 종종 목격하며 안타까워한다. 어찌 보면 건강도 한 순간의 실수로도 나빠질 수 있는 것이 인생사다. 그렇기 때문에 항상 긴장의 끈을 놓지 말고 건강관리에 신경을 써야 한다.

‘혁신의 아이콘’ 스티브 잡스를 모르는 사람은 없다. 스티브 잡스는 성공을 꿈꾸는 젊은이들이 가장 닮고 싶어 하는 사람 중에 한 명이다. 하지만 그의 젊은 시절은 그리 행복하지 않았다. 미혼모의 아들로 태어나 입양되었고, 대학 입학 후에는 6개월 만에 중퇴하기도 했다. 하지만 그는 좌절하지 않았다. 1976년 컴퓨터 천재 스티브 워즈니악과 함께 차고에서 애플을 창업해 일약 백만장자가 된다. 그런데 예기치 못한 문제가 발생한다. 건강이 위태로워지면서 비교적 젊은 나이에 세상을 떠나고 만 것이다. 스티브 잡스가 좀 더 오래 살았더라면 인류의 IT 역사는 새로 쓰여졌을 것이다. 하지만 그는 이제 우리 곁에 더 이상 존재하지 않다. 역사에 만약이라는 것은 없는 법이다.

이러한 스티브 잡스와는 반대로 그의 경쟁자였던 빌 게이츠는 아직도 건장하다. 실제로 스티브 잡스는 살아생전 빌 게이츠의 건강을 부러워하기도 했다. 참으로 안타까운 일이다.

반면 일본 최대 소프트웨어 유통회사이자 IT투자기업인 소프트뱅크사를 설립한 이후 세계적인 인터넷 재벌이 된 재일교포 3세, 손정의는 좀 다른 인생 스토리를 썼다. 손정의는 1957년 일본 규슈의 사가현 도수(島栖)시의 무허가 판자촌에서 태어났다. 그의 이름은 아버지 손삼헌이 '언제나 정의롭게 살라'는 뜻으로 지은 것이다.

중학교 3학년 때 손정의는 시바 료타로가 메이지 시대의 개혁가인 사카모토 료마의 삶을 그린 『료마가 간다』를 읽고 난 후 크게 감명을 받는다. 사카모토 료마는 일본 막부시대를 종식시키고 일왕 중심의 근대 국가를 만드는데 크게 기여한 인물이다. 하지만 그는 31세에 암살당하고 만다.

『료마가 간다』라는 소설에 크게 영향을 받은 손정의는 인생의 길이에 의해서가 아닌 어떻게 사느냐에 따라 결정되는 불꽃같은 삶을 살 것을 갈망한다. 한 번뿐인 인생 멋지게 살다가 죽길 소망하며 "피 끓고 힘이 넘치는 일을 하고 싶다"고 다짐한다.

그런데 이러한 다짐이 화근이 된 듯 1982년 20대의 젊은 나이에 중증 간염으로 5년 시한부의 삶을 선고받는다. 소프트뱅크 창업 2년째였다. 하지만 손정의는 절망하지 않았다. 건강을 회복하기 위해 힘쓰는 한편 병상에서 무려 4,000여 권의 책을 읽는다. 그러면서 회사를 일으킬 방법을 연구한다. 이후 1986년에 소프트뱅크에 복귀한 손정의는 불굴의 의지로 세계 최고의 회사를 만든다.

이러한 무서운 열정과 패기는 어디에서 나온 것일까? 그건 손정의 스스로 19세에 세운 인생 로드맵으로부터 비롯됐다. 그는 '20대에 창업해 이름을 알린다. 30대에 1,000억엔이나 2,000억엔 규모의 운영 자금을 마련한다. 40대에 1조엔, 혹은 2조엔 규모의 큰 사업에 승부를 건다. 50대에 사업을 완성시킨다. 60대에 다음 세대에게 물려준다'라는 인생 50년 계획을 일치감치 세워 두었던 것이다.

유니슨월드를 창업했을 때 손정의는 두 명의 직원 앞에서 "두부를 세 듯 1조, 2조 매출을 세는 회사를 만들 겁니다"라고 당차게 선언할 정도였던 그는 절대 죽을 수 없었던 것이다. 젊은 날 중증 간염을 극복하며 건강의 소중함을 처절하게 깨달은 손정의는 건강에 각별히 신경 쓰는 한편 자신이 그린 큰 그림의 힘에 실행을 더해 반전의 인생 스토리를 만들어내는 데 성공했다.

● 건강은 이렇게 ●

그렇다면 우리는 어떻게 건강한 삶을 영위할 수 있을까?

사람들은 일단 건강이라고 하면 주로 육체적인 면만 우선 생각하는 경향이 있다. 물론 육체적인 건강은 삶을 사는데 매우 중요하다. 아주 옛날에는 육체에 심각한 손상이 가게 되면 특별한 치료도 받지 못 한 채 일찍 생을 마감해야 하는 비극을 감수해야만 했다. 하지만 20세기에 접어들면서 의학이 급속도로 발전해 대부분의 외상을 쉽게 치료할 수 있게 됐다. 내상도 온갖 장비를 동원해 보다 쉽게 치료를 하고 있다. 인류는 불치병으로 여겨지던 암도 서서히 정복을 하고 있다. 또 몸의 특정 장기가 손상을 입었을 때도 줄기 세포 같은 바이오 신기술의 도움으로 서서히 치료의 길이 열리고 있다.

그렇다고 해서 인류가 모든 병을 정복한 것은 절대 아니다. 현대사회에서는 오히려 고혈압, 당뇨병, 비만, 동맥경화증, 심근경색증, 뇌졸중, 간질환 등 성인병이 크게 증가하고 있는 추세다. 과중한 업무,

불규칙한 식습관, 음주, 흡연, 운동 부족, 온갖 스트레스 등이 주요 요인이다.

육체적인 건강과 더불어 정신적인 건강도 매우 중요하다. 육체적인 건강은 눈에 보이기 때문에 쉽게 문제를 발견하고 치료하게 된다. 하지만 정신적인 건강은 눈에 보이지 않기 때문에 진단이 어렵고 치료가 힘들다.

타인으로부터 상처받는 말을 듣거나 혹은 행위를 당하면 머릿속에서 잘 지워지지 않고 평생 남아 있는 경우도 있다. 특히 외상 후 스트레스 장애는 건강을 심각하게 해칠 수 있다. 외상 후 스트레스 장애란 생명을 위협할 정도의 극심한 스트레스(**정신적 외상**)를 경험하고 나서 발생하는 심리적 반응이다. '정신적 외상'이란 충격적이거나 두려운 사건을 당하거나 목격하는 것을 말한다. 이러한 외상들은 대부분 갑작스럽게 일어나며 경험하는 사람에게 심한 고통을 주고 일반적인 스트레스 대응 능력을 압도한다.

1994년 10월 21일 성수대교에서 상부 트러스가 무너졌던 사고가 발생했다. 이 사고로 17명이 다쳤고 32명이 사망했다. 그 중에서 여고생이 다수 포함되어 있었다. 이 때 사고로 딸을 잃은 아버지가 1~2년이 지난 후 투신자살하기도 했다. 그만큼 정신적인 상처는 눈에는 보이지 않지만 건강에 심각한 타격을 주는 등 트라우마로 작용한다.

결국 진정으로 건강한 삶을 유지하기 위해서는 육체적인 건강과 정신적인 건강을 동시에 관리해야 한다. 육체만 건강하거나 정신만 건강하면 불완전한 건강이다. 한 쪽에 심한 타격이 올 경우 건강 자체를 잃어버릴 수 있다.

이렇게 해 보면 어떨까?

먼저 육체적인 건강이다. 제일 먼저 떠오르는 것은 운동이다. 요즘 워낙 몸매 관리에 관심이 많아서인지 많은 사람들이 피트니스를 즐긴다. 그렇다고 피트니스만 하면 곤란하다. 무산소 운동인 피트니스를 잘못하게 되면 활성산소 증가로 오히려 빨리 늙어버리거나 골병이 들

수 있다. 유산소 운동과 무산소 운동을 적절하게 조화할 필요가 있다. 조깅과 마라톤도 하고, 수영을 즐기는 등 유산소 운동을 병행한다면 건강관리에 크게 도움이 될 것이다. 내친 김에 철인 3종 등 좀 더 자신의 한계를 시험할 수 있는 것에 도전해 보면 어떨까? 도전하는 삶은 언제나 아름답다. 물론 지나치면 안 하느니만 못하기 때문에 자신의 능력 범위 내에서 하는 것이 좋다. 또 몸에 해로운 음식은 삼가는 것이 좋다. 특히 담배는 정말 몸에 해롭다. 가까이 하지 않는 것이 좋다.

정신적인 건강을 위해서는 명상이 제일이다.

종교생활을 하시는 분들은 기도가 큰 힘이 된다. 물론 종교와 무관하게 매 끼 식사 때마다 올리는 감사 기도는 긍정적인 삶을 살게 하는 강력한 힘이 있다. 이는 삶을 윤택하게 한다. 독서는 어떨까? 사실 마음이 심란하거나 할 때는 독서만큼 도움이 되는 것이 없다. 통찰력을 기르는데도 으뜸이다. 잠자리에 들기 전에 단 몇 분이라도 독서하는 습관을 길러보자. 나비의 날갯짓이 태풍이 될 수도 있듯이, 삶은 보이지 않게 시나브로 변한다.

〈건강관리 이렇게 합시다. 절대 어렵지 않아요.〉

구 분	내 용
기본 컨셉	정신 건강과 육체 건강을 동시에 증진한다. 그래야 건강이 온전해진다.
공통	■ 건강을 증진하기 위한 활동을 규칙적으로 꾸준히 한다.
정신 건강	■ 규칙적으로 명상을 즐긴다. ■ 식사 시 감사 기도를 올린다. ■ 독서를 생활화한다.
육체 건강	■ 주 2~3회 피트니스 등 무산소 운동을 한다. ■ 조깅, 마라톤, 수영 등 유산소 운동을 병행한다. ■ 백해무익한 담배는 완전히 끊는다. ■ 커피, 라면, 패스트푸드, 청량음료 등 몸에 해로운 음식은 가급적 자제한다. ■ 철인 3종 등에 도전해 본다.

자산

● 외면할 수 없는 존재 ●

우리나라를 비롯해 서유럽과 미국 등 다수의 나라 국민들은 이윤 추구를 목적으로 하는 돈이 지배하는 경제체제, 즉 자본주의(Capitalism) 사회에 살고 있다. 사실 자본주의가 발생한 것은 인류의 역사에 비해 그리 오래된 일은 아니다. 18세기 중엽 영국의 산업혁명에 의해 그 기반이 다져진 이후 독일과 미국 등으로 파급됐다.

이 자본주의는 사람들의 소유욕을 자극해 인류의 발전에 크게 기여함으로써 물질적 풍요를 가져다 줬다. 하지만 자본주의는 마르크스의 주장대로 빈익빈부익부를 심화시켜 못 사는 사람과 잘 사는 사람으로 세상을 양극화시키고 있다.

이러한 단점을 극복하기 위해 다양한 논의가 진행 중이다. 그 중에서 창조적 자본주의(Creative Capitalism)가 단연 눈에 띈다. 창조적 자본주의란 빈익빈부익부를 심화시키는 자본주의의 폐해를 시장의 힘과 작동원리로 바로잡아 소외 계층들도 배려하는 자본주의를 말한다.

단순한 사회적 책임에 머물지 않고 자본주의의 혜택을 받지 못하는 빈민층을 대상으로 하는 적극적인 기업활동을 말한다. 이는 빌 게이츠 전 마이크로소프트(MS) 회장이 2007년 하버드 대학의 졸업식과 2008년 1월 '2008 스위스 다보스 세계경제포럼' 기조연설에서 언급하면서 크게 이슈가 됐다.

하지만 이는 여러 가지 여건상 단 시간에 실현되기는 어려워 보인다. 따라서 자본주의 체제의 존속이나 변형과 무관하게 자신의 삶을 스스로 개척하면서 물질적 빈곤을 해결하는 것이 무엇보다 중요하다. 건강이 무너져도 삶은 지속 가능할 수 없지만, 빈털터리가 된다면 이도 또한 삶을 지속 가능할 수 없게 만든다. 건강과 자산은 그야말로 인생의 양대 기둥이다.

하지만 절대로 돈을 목적 자체로 보는 것은 지양해야 한다. 돈이 삶의 수단이 아닌 목적이 되는 순간 우리 정신은 깊이 병들게 된다. 어렵게 성공했다가 한 순간에 몰락하는 경우가 다 이에 해당된다. 정신이 병들면 건강을 잃어버리게 되고, 이는 결국 인생의 기둥을 심각하게 흔들게 만든다. 결국 원하는 바를 성취하지 못하고 돈으로 흥해서 돈으로 망하게 된다.

그렇다고 돈을 외면하면 안 된다. 삶의 수단으로서 어떻게 모으고 유지할지에 대한 나름의 고민, 그리고 실천이 반드시 있어야 한다.

● 경제적 자유 ●

사실 이 시대를 살고 있는 사람들은 진정한 삶의 의미는 외면한 채 돈 버는 것에만 매달리며 메마른 삶을 살고 있다. 지난 수천 년의 세월을 되돌아보면 과거에 비해 현대인들은 상당한 물질적 풍요 속에 살고 있다. 반면 정신적으로는 빈곤한 삶을 살고 있는 것이 현실이다.

하지만 현실은 현실이다. 오히려 이에 잘 적응해 부를 축적한다면 경제적 자유를 얻어 원하는 삶, 의미 있는 삶을 살 수 있는 시간과 기회가 더욱 많아진다.

이러한 삶을 살고 있는 사람들이 우리 주변에는 의외로 많다. 그 대표적인 인물 중 한 사람이 바로 짐 로저스(Jim Rogers)다. 그는 젊은 날 뛰어난 재테크 실력을 통해 경제적 자유를 얻음으로써 원하는 삶, 의미 있는 삶을 살고 있다.

짐 로저스는 '월스트리트의 전설', '국제 금융시장의 인디애나 존스'

등으로 불린다. 1969년 27세의 젊은 나이로 조지 소로스와 함께 글로벌 투자회사인 퀀텀펀드를 설립한다. 이후 10년간 무려 4,200%라는 경이적인 수익률을 기록한다. 즉 짧은 기간에 어마어마한 부를 축적한 것이다.

그는 37세의 젊은 나이에 돌연 은퇴를 선언한 후 오토바이 한 대만 끌고 평생의 꿈이던 세계 일주 여행을 감행한다. 그렇게 5개 대륙, 50여 개 나라, 16만km를 횡단하며 기네스북에도 이름을 올린다.

물론 여행만 다닌 것은 아니다. 각 나라를 돌면서 투자처를 찾기도 하고, 다양한 경험을 책으로 펴내기도 했다. 그는 지금도 여전히 여행을 다니면서 책도 쓰고 강연도 열정적으로 하고 있다.

정말 멋진 삶이다. 이는 돈, 즉 경제적 자유가 있기에 가능하다. 사실 돈이 없으면 현대인들은 할 수 있는 일이 별로 없다. 그래서 너나 할 것 없이 돈 모으기에 열중이다.

그런데 2002년 노벨경제학상을 수상한 대니얼 카너먼(Daniel Kahneman) 교수는 돈과 행복에 관한 연구 결과를 발표해 주목을 끌었다. 이에 의하면 돈으로 어느 정도 행복을 살수 있다고 한다. 하지만 어느 정도까지다. 그에 의하면 연간 소득을 기준으로 7만 5,000달러까지만 소득이 올라갈수록 행복감이 높아진다고 한다. 그런데 이보다 소득이 더 늘어나도 행복감은 더 이상 높아지지 않는다고 한다. 즉 돈이 곧 행복의 필요충분조건은 아닌 셈이다.

이 연구는 분명히 우리에게 시사하는 바가 크다. 돈을 목적이 아닌 수단으로 여겨야 한다는 것. 그리고 그저 돈으로부터 조금 자유로울 정도만으로도 우리는 충분히 행복해 질 수 있다는 것이다.

자, 우리 모두 목적이 아닌 수단으로서의 돈을 조금 자유로울 정도로는 모으도록 해 보자.

● 자산은 이렇게 ●

사실 돈을 모으려면 회사에서 주는 월급만으로는 어렵다. 그런데 현대인들은 대학교를 마치면 취업하기 바쁘다. 막상 취업하고 나면 회사 생활로 이리저리 치이면서 어떻게 돈을 모으고 유지할지에 대해 생각할 겨를이 없다. 요즘은 대학교에 자산관리학과가 개설이 되어서 그나마 다행이지만, 예전에는 재테크 관련 교육을 받을 만한 곳이 마땅히 없었다. 그냥 학교 졸업하면 으레 취직하고 꼬박꼬박 나오는 월급으로 적금을 든다. 그게 유일한 재테크 방법이다.

그렇게 수십 년 걸려서 집사고 차사고 자녀 교육시키다 보면 한 세월 훌쩍 지나가 버린다. 당연히 경제적 자유를 통한 의미 있는 삶은 뒷전이게 된다. 뭔가 특별한 방법이 없다면 근근이 먹고 사는 삶 이외에는 별 다른 것이 없는 허망한 인생으로 종지부를 찍고 만다.

누군들 먹고 사는 문제에만 허우적거리다가 생을 마감하고 싶을까? 최소한 배부른 돼지는 되어야 소크라테스 같은 삶을 살 꿈이라도 꿀 기회를 가져볼까 생각해 보는 것이 인지상정이다.

그렇다면 어떻게 자산증식을 할 수 있을까?

자산은 크게 두 가지로 나눠 볼 수 있다. 안전 자산과 위험 자산이 바로 그것이다.

안전 자산은 위험이 없는 금융자산으로서 무위험자산이라고도 한다. 금융 자산에의 투자에는 다양한 위험이 수반된다. 첫 번째로 채무 불이행위험, 두 번째로 시장가격변동의 위험, 즉 시장위험, 세 번째로 인플레이션에 의한 자산의 실질가치가 변동할 위험, 즉 구매력변동위험 등이 있다.

안전 자산은 주로 채무불이행의 위험이 없는 자산이라는 의미로 사용되고 있으며, 대상 자산의 만기까지의 기간을 단축함으로써 시장가격변동에서 오는 위험을 어느 정도 회피할 수 있다. 대표적인 예는 적금, 채권 등이 있다.

위험 자산은 일정기간의 투자수익률이 사전에 불확정적인 투자자산(**증권**)을 말한다. 주식은 전형적인 위험자산이나 사채도 원금지급불능(**채무불이행**) 위험을 동반하므로 위험자산이다.

안전 자산은 안전한 반면 수익률이 그렇게 크지 않다. 현대는 제로 금리 시대로 접어들어 일반 적금으로는 큰돈을 모을 수가 없다. 그냥 은행이 돈을 안전하게 보관해줄 뿐이다. 그나마 복리 적금은 좀 다르다. 단리는 산술급수적으로 증가해 수십 년을 은행에 예치해도 거의 원금 그대로다. 하지만 복리는 기하급수적으로 증가한다. 10년 다르고, 20년 다르고, 30년 다르다. 만일 어린 시절부터 복리로 적금을 든다면 어떻게 될까? 인생을 길게 보고 한 30년 적금을 든다면 노후는 절대 걱정이 없다. 그런데 대부분의 사람들은 인생을 너무 짧게 본다. 인내심이 부족해 30년 동안 돈을 은행에 그대로 두지를 않는다. 중도 해지하고 만다.

하지만 삶에 대한 철학이 남다른 사람은 차이 있는 생각을 한다. 일찍부터 복리 적금 계좌를 하나 정도 만드는 것이 바로 차이 있는 생각이다. 물론 이 밖에도 채권에 투자하는 것도 생각해 볼 수 있다.

그 다음으로 생각해 볼 수 있는 것이 주식, 부동산 등 위험 자산에 대한 투자다. 그 중에서 쉽게 할 수 있는 것이 주식투자다. 사실 주식투자는 개미들에게는 손쉬운 투자 방법이나 말 그대로 위험한 것이 사실이다. 섣불리 주식에 투자했다가 원금까지 몽땅 날릴 수도 있다. 그래서 가치 투자의 대가, 워런 버핏(Warren Buffett)은 돈을 잃지 않는 것에 초점을 맞춘 투자 원칙을 수십 년째 고수해 세계 최고의 부자가 되었다. 그의 투자원칙은 바로 이것이다.

규칙 1: 절대로 돈을 잃지 않는다(Rule No.1 : Never lose money).
규칙 2: 절대로 첫 번째 규칙을 잊지 않는다(Rule No.2: Never forget rule No.1).

주식에 투자할 때는 일확천금을 노리고 투자하지 말아야 한다. 비록 위험자산일지라도 최대한 안전한 방법을 찾아야 한다. 그 방법이 바로 가치 투자다. 시대의 큰 흐름 속에서 장기적으로 가치 있는 회사에 투자를 하는 것이다. 단타 매매는 절대 하지 않아야 한다. 이건 개미의 무덤이다.

예를 들어 10년 전쯤에 중국의 알리바바, 텐센트 등에 투자를 했으면 500배 이상의 큰 수익을 얻었을 것이다. 사실 이러한 안목을 기르는 것은 하루아침에 되지 않는다. 끊임없이 공부해야 한다. 스포츠 신문보다는 경제 신문을 탐독하고, 재테크 관련 서적을 틈나는 대로 읽어야 한다. 그렇게 몇 년을 한 결 같이 노력하다 보면 세상의 흐름이 보이고, 안목이 트이면서 투자 기회를 잡아 부를 축적할 수 있게 된다.

물론 부동산의 경우에도 꾸준히 공부해서 안전하게 투자할 수 있는 방법을 찾아보는 것도 좋다.

〈자산관리 이렇게 합시다. 절대 어렵지 않아요.〉

구 분	내 용
기본 컨셉	안전 자산과 위험 자산에 동시에 투자한다. 그래야 자산관리가 온전해진다.
공통	■ '절대로 돈을 잃지 말라'는 원칙을 반드시 고수한다. ■ 근검절약을 생활화한다. ■ 재테크 공부를 꾸준히 한다.
안전 자산	■ 단리가 아닌 복리 적금 계좌를 개설한다. ■ 채권 등에도 관심을 가진다.
위험 자산	■ 장기적인 '가치 투자' 기법을 익힌다. ■ 이를 통해 주식, 부동산 등에 안전하게 투자한다.

독서

● 거인의 어깨 위 ●

건강과 자산이 인생의 양대 기둥이라면 독서는 인생의 중심을 잡아 주는 핵심 축이다. 인생은 길게 봐도 100년이라는 한정된 시간 속에서 자신의 삶의 의미와 가치를 만들어 가야 하는 한 편의 드라마이자 예술이다. 100년이 길다면 길게 볼 수도 있지만 인류의 역사 전체를 놓고 볼 때 결코 길지 않은 시간이다. 이 한정된 시간 속에서 자신이 듣고 보고 체험한 것만으로 사물을 분석하고 인생을 판단할 때 과연 올바르게 할 수 있을까?

어려운 일이다. 특히 현대 교육은 단순 암기 주입식 교육, 나아가 돈 벌기 위한 교육으로 편향되어 있다. 어떻게 삶을 영위할 것인지에 대한 깨달음은 전혀 없다. 그렇기 때문에 현대인들은 먹고 살기에 급급한 나머지 삶의 진정한 의미와 가치를 찾지 못해 방황한다. 심하면 우울증에 걸리기도 한다. 참으로 안타까운 일이다.

사람은 순백의 결합에 의해 순백으로 태어나 순백 상태에서 출발한다. 그 순백을 채우는 것은 오로지 자신에게 달려있다. 어떻게 보면 우주는 매우 무책임해 보인다. 다른 한편으로는 자신에게 모든 자율권으로 부여했기에 행운일 수 있다. 결국 삶이 행운이 되느냐 불행이 되느냐는 모두 자신에게 달려있다.

그렇다면 나는 어떻게 해야 할 것인가?

부모님은 바쁘고, 친구들은 각자의 삶의 무게로 지쳐 있고, 학교는 학교대로 돈벌이 교육만 시키고 있다. 그러니 어쩔 수 없다. 스스로 찾는 수밖에. 그렇다고 예수, 공자, 석가 등 여타 성인들처럼 수년 동안 세상을 주유하며 깨달음을 얻을 수는 더욱 없는 노릇이다. 왜냐하면 그럴 시간도 비용도 없기 때문이다.

하지만 걱정하지 마라. 다른 방법이 있다. 바로 독서다. 참으로 다행스러운 것은 인류는 스스로의 깨달음과 경험, 지식을 한 권의 책으로 엮을 수 있는 능력을 부여받았다. 시대를 이끌던 현인들은 각자의 삶을 통해 터득한 바를 글로 기록했다. 그 기록에 또 기록을 더하고 더해 삶의 지혜를 고스란히 응축시켜 도서관에 보관해 두었다.

그러니 바쁜 부모님, 삶의 무게로 지친 친구, 돈벌이 교육만 시키는 학교에 의지할 필요가 없다. 도서관에 가기만 하면 우리는 그 해답을 누구의 방해도 없이 스펀지처럼 100퍼센트 흡수할 수 있다. 일면 불행해 보이던 삶이 행운으로 반전한다. 그러니 시간이 없다느니 돈이 없다느니 하는 핑계를 더 이상 대면 안 된다.

독서는 삶에 지친 사람에게는 맛깔스런 여유를, 삶의 의미를 상실한 사람에게는 새로운 의미를, 지혜가 없는 사람에게는 탁월한 지혜를, 지식이 부족한 사람에게는 빛나는 지식을 선사한다. 그러니 가까이 하지 않는 사람이 바보다. 독서는 확실히 삶의 중심을 잡아주는 일등공신이다.

● 인생의 중심축 ●

결국 독서는 삶의 중심을 잡아 줘 궁극적으로는 인생을 바꾼다. 주변을 한 번 살펴보자. 세상에 태어나 빛나는 업적을 남긴 사람치고 책을 가까이 하지 않은 인물은 없다. 현대에서는 빌 게이츠가 그렇고, 스티브 잡스가 그렇고, 앨빈 토플러가 그렇고, 오프라 윈프리가 그렇다.

빌 게이츠는 어린 시절부터 집 근처 도서관에서 살다시피 했다. 그때 당시 백과사전을 암기할 정도로 명석했으며, 책에 푹 파묻혀 살았다. 소문난 독서광인 그는 "오늘날 나를 있게 한 것은 어린 시절 우리 마을 도서관이었다"고 말한 적이 있다.

애플의 창업주인 스티브 잡스는 학창시절 밤을 세워가며 『죄와 벌』, 『젊은 베르테르의 슬픔』 등 다양한 인문학 서적을 탐독한 인문학자였다. 결국 그는 인문학과 기술의 융합을 통해 애플을 세계 최고의 회사로 만들어 혁신의 아이콘이 되었다.

앨빈 토플러는 어떤가? 그의 학력은 생각보다 짧은 뉴욕대 학사 출신이다. 그런데 어떻게 그는 세계 최고의 지성인이 되었을까? 바로 독서다. 그는 스스로를 '독서하는 기계'라고 말한다. 화장실에서도 책을 놓지 않을 정도니 말이다. 또 그는 매일 다양한 신문을 탐독하며 세상을 흐름을 파악하고 지식을 습득했다. 이러한 독서로부터 나오는 통찰력을 바탕으로 수많은 베스트셀러를 창작해 세상을 풍요롭게 밝혔다.

특히 오프란 윈프리의 경우는 극도의 열악한 환경 속에서도 책을 놓지 않은 습관이 인생을 바꿨다. 오프란 윈프리는 미국 토크 쇼의 여왕이다. 또한 세계에서 가장 영향력 있는 여성이기도 하다. 하지만 그녀는 미혼모의 딸로 태어나 말로 형언할 수 없는 기구한 운명의 청소년기를 보냈다.

그런데 어떻게 그녀는 이런 고난을 슬기롭게 극복하며 성공할 수 있었을까? 역시 독서였다. 그녀 스스로도 "독서가 내 인생을 바꿨습니다"라며 "독서를 통해 얻을 수 있는 최고의 가치는 타인을 이해하는 마음을 갖는 것입니다"라고 말한다. 즉 독서를 통해 인생의 통찰력을 키웠고, 나아가 타인의 상처와 고통을 감싸 줄 아는 사람이 된 것이다. 물론 그녀가 토크쇼에서 보여준 언변술은 모두 방대한 독서 덕인 것은 두 말할 나위가 없다.

그 외에도 수많은 사람들이 수많은 책을 탐독하며 성공에 이르렀다. 분명 독서는 통찰력을 길러주고 인생의 중심을 잡아준다. 나아가 인생 자체를 바꾼다.

• 독서는 이렇게 •

그렇다면 이렇듯 중요한 독서를 어떻게 하면 좋을까?

물론 독서에도 나름의 방법이 있어야 한다. 무턱대고 아무 책이나 읽게 된다면 원치 않게 시간을 낭비할 수도 있다.

이렇게 해보는 게 어떨까?

우선 자기계발서를 먼저 읽는다. 독서도 원하는 바가 명확히 서야 이에 집중을 하게 된다. 삶에 대한 철학이 명확하지 않고, 목표가 바로 서지 않은 상태에서는 독서에 몰입하기가 쉽지 않다. 삶에 대한 철학이 명확하고, 목표가 바로 서게 되면 이에 상응해 원하는 바를 성취하기 위한 수단으로 독서에 몰입하게 된다. 따라서 삶의 철학과 목표를 바로 세우는 데 도움을 줄 수 있는 책을 먼저 읽는 것이 좋다.

또 자기계발서의 장점은 읽기 쉽다는 것이다. 처음부터 어려운 전문 서적을 손에 들게 되면 시작도 못하고 작심삼일로 끝나 중도에 포기하게 된다. 쉬운 책을 먼저 선택해 독서하는 습관을 붙이는 것이 초심자에게는 매우 중요하다.

　그 다음에는 경영, 경제, 철학, 종교, 역사 등으로 독서의 범위를 좀 더 넓혀 보자. 일반적으로 말하는 문사철(文史哲) 600권을 목표로 꾸준히 읽어 보자. 어떤 분야에 대한 책에 몰입하다 보면 자연스럽게 다음 읽을 책이 눈에 들어오게 된다. 어느 시점이 지나면 일반인과는 전혀 다른 수준의 통찰력을 가지게 된다. 나아가 통찰력은 또 다른 통찰력을 낳는다. 산술급수적으로 증가하던 지식과 지혜가 변곡점을 지나면 갑자기 기하급수적으로 증가하게 된다.

　물론 여기서 만족하면 안 된다. 요즘 이야기하는 다빈치형 인간이 되기 위해서는 일반 교양에 전문 지식을 더해야 한다. 일반 교양은 통찰력을 기르고, 전문 지식은 핵심역량을 키워준다. 일반 교양 분야에 대해 어느 정도 폭넓게 책을 탐독했다고 자신하게 되면 좀 더 깊이 있는 전문 서적으로 넘어가야 한다.

그런데 전문 서적은 읽기가 그야말로 까다롭다. 일반교양처럼 단 몇 시간에 완독할 수 있는 그런 류가 아니다. 그렇기에 책을 읽다 보면 중도에 포기하고 싶은 욕구가 불쑥불쑥 튀어 나온다. 이에 굴복하면 자신을 차별화시킬 핵심역량을 가지는 것은 물 건너 간다.

물론 좋은 방법이 있다. 먼저 특정 분야를 정해서 집중적으로 독서한다. 그래도 부족함을 느낀다면 관련 학위나 전문 교육 과정 등에 도전하는 것이다. 학위나 전문 교육 과정에 도전하게 되면 비용이 아까워서라도 중도에 포기하지 않고 끝내게 된다.

'박람박식이 천하무적'이라는 말이 있다. 일반교양에 전문 지식을 더하게 되면 그야말로 천하무적이 된다. 누구를 만나더라도 자신 있게 소통하고 대화를 리드하게 된다. 지식과 통찰력, 그리고 삶의 지혜는 세상을 새롭게 바라보게 만든다. 즉 세상이 더 이상 두려운 존재가 아닌 호기심 가득한 아름다운 곳으로 변신하게 된다.

자, 오늘부터 당장 책을 손에 들자. 그리고 이를 습관화 하자. 그대 삶의 중심을 잡고, 통찰력과 핵심역량이라는 날개를 달고 싶다면.

〈독서는 이렇게 합시다. 절대 어렵지 않아요.〉

구 분	내 용	
기본 컨셉	일반 교양과 전문 지식을 동시에 함양한다. 그래야 독서가 온전해진다.	
공통	■ 퇴근 후 혹은 주말에 집이나 주변 도서관에서 꾸준히 독서한다. ■ 적어도 일주일에 책 한 권은 꼭 읽는다. ■ 경제신문, 일간지 등을 읽는 것도 게을리 하지 않는다.	
일반 교양	■ 먼저 자기계발서를 탐독해 삶의 철학과 목표를 세운다. ■ 경영, 경제, 철학, 종교, 역사 등의 다양한 분야로 범위를 넓힌다.	
전문 지식	■ 특정 분야를 정해서 집중적으로 독서한다. ■ 학위나 전문 교육 과정에 도전한다.	

인맥

● 운칠기삼 ●

능력이 뛰어난 사람은 자신의 능력을 과신하며 재주만으로 충분히 성공할 수 있다고 믿는다. 하지만 현실은 전혀 그렇지 않다. 능력이란 성공의 필요조건이지 충분조건이 아니라는 사실을 현실이라는 두꺼운 벽에 부딪히면 어느 날 스스로 깨닫게 된다. 세상은 때론 능력 때문에 견제를 받으며 궁지에 몰릴 수도 있는 결코 단순한 곳이 아니다. 또한 세상은 사람들이 서로 복잡한 인간관계로 얽히고설켜 있는 곳이기도 하다. 그렇기에 나 혼자 잘났다고 성공할 수 있다고 생각하면 정말 오산이다.

운기칠삼(運七技三)이라는 말이 있다. 운이 7할이고, 재주나 노력이 3할이라는 뜻이다. 즉 모든 일의 성패는 운이 7할을 차지하며, 노력은 3할을 차지하기 때문에 결국 운이 따라주지 않으면 일을 이루기 어렵다는 것이다.

중국 괴이문학의 걸작으로 꼽히는 포송령(蒲松齡)의 요재지이(聊齋志異)에 다음과 같은 내용이 있다.

한 선비가 자신보다 변변치 못한 자들은 버젓이 과거에 급제하는데, 자신은 늙도록 급제하지 못하고 패가망신하자 옥황상제에게 그 이유를 따져 물었다. 옥황상제는 정의의 신과 운명의 신에게 술내기를 시켜 만약 정의의 신이 술을 많이 마시면 선비가 옳은 것이고, 운명의 신이 많이 마시면 세상사가 그런 것이니 선비가 체념해야 한다는 다짐을 받았다. 내기 결과 정의의 신은 석 잔밖에 마시지 못하고, 운명의 신은 일곱 잔이나 마셨다.

옥황상제는 세상사는 정의에 따라 행해지는 것이 아니라 운명의 장난에 따라 행해지되, 3푼의 이치도 행해지는 법이니 운수만이 모든 것을 지배하는 것은 아니라는 말로 선비를 꾸짖고 돌려보냈다.

그렇다면 7할의 운은 어디서 나올까?

● 인맥이 운이다 ●

바로 인맥이다. 혼자의 힘은 분명 한계가 있다. 참여하는 사람이 많아질수록, 지원해주고 응원해주는 사람이 많아질수록 일은 좀 더 쉽게, 좀 더 크게 이루어진다. 따라서 사회 속에서 큰일을 하고자 하는 사람은 특히 인맥관리에 신경을 써야 한다.

세상에는 인맥관리에 성공해 빛을 본 사람이 매우 많다. 사람 사는 세상인데 당연하지 않겠나? 요즘 젊은이들은 스펙 쌓기에 올인하고 있다. 당연히 전반적으로 능력이 향상되고 있는 것이다. 그런데도 청년 실업자는 날로 늘어만 간다.

여기 정말로 스펙 하나 없는 사람이 성공한 사례가 있다. 바로 12년 연속 기네스북에 오른 세계 최고의 판매왕 조 지라드(Joe Girard)다. 조 지라드는 세일즈를 하기 전까지는 그야말로 루저였다. 폭력적인 아버지 밑에서 '아무 짝에도 쓸모없는 놈'이라는 소리를 귀가 닳도록 들으며 자랐다. 고등학교에서는 퇴학을 당한다. 이후 구두닦이 등 온갖 허드렛일로 허송세월한다. 수십 군데 직장에서 쫓겨나는 수모를 당하기도 한다. 그렇게 35년 세월을 보낸다.

그런데 갑자기 조 지라드는 변한다. 가족을 먹여 살리기 위해서 세일즈업으로 뛰어든 것이다. 이 때 조 지라드는 사람들을 끈질기게 연구해 한 사람이 대충 결혼식, 장례식 등 중요한 행사에 250명 정도 초대할 수 있는 것을 깨닫고 '조 지라드의 250법칙'을 만든다.

이 법칙을 통해 조 지라드는 250명 한 사람 한 사람을 최고의 고객으로 대접해 급기야 세계 최고의 판매왕이 된다.

조 지라드뿐만 아니다. 주변을 한번 살펴보자. 어떤 사람은 최고의 능력을 보유하고 있는데 직장에서 허구헌날 견제를 받으며 성장하지 못한다. 그런데 어떤 사람은 능력이 다른 사람만 못한데도 승승장구한다. 왜일까? 그건 단언컨대 인맥 때문이다.

사람 사는 세상이다. 능력은 3할에 불과하다. 7할의 운은 인맥에서 나온다는 것을 절감해야 한다.

● 인맥은 이렇게 ●

그렇다면 어떻게 인맥관리를 해야 할까?

우선 기본부터 시작해 보자. 나비 효과라고 들어 보았을 것이다. 브라질에 있는 나비의 날갯짓이 미국 텍사스에 토네이도를 발생시킬 수도 있다는 과학이론이다. 이 이론은 과학에만 적용 되는 것이 아니다. 인맥에도 그대로 적용될 수 있다. 인맥관리에 있어서 나비 효과의 가장 극명한 예는 바로 인사다.

인사하는 데는 단돈 1원도 들지 않는다. 하지만 그 효과는 분명 토네이도 급이다. 누구를 만나든지 먼저 웃으면서 인사해 보라. 분명 그대 주위에서 적은 점점 사라지고, 우군으로 가득찰 것이다. 우군이 많아지면 그만큼 일하기도 편해지고, 성과도 극대화된다.

당연히 항상 겸손과 예의가 몸에 배어야 한다. 거만하고 예의가 없는 사람을 좋아하는 사람은 이 세상에 없다. 자신이 좋아하지 않는 것을 남도 좋아하지 않는다는 것을 명심해야 한다. 같은 이치로 자신이 좋아하지 않는 것을 남에게도 하면 안 된다. 이것은 인맥 형성을 위한 아주 기본적인 마음가짐이다.

기본에 충실하다고 자신이 서게 되면 이제 본격적으로 인맥을 늘려야 한다. 인맥은 크게 국내 인맥과 글로벌 인맥으로 나눠 볼 수 있다. 언어 장벽이 없는 국내 인맥은 먼저 지인들을 중심으로 인맥층을 형성해 나가야 한다. 이후 다양한 채널을 통해 모르는 사람도 자신의 인맥으로 넓혀 나가야 한다.

그런데 요즘 같은 지구촌 시대에는 국내 인맥으로는 한계가 있다. 당연히 해외 인맥, 글로벌 인맥을 만들어 나가야 한다. 이를 위한 최고의 방법은 바로 SNS의 도움을 받는 것이다. 페이스북, 트위터, 인스타그램 등 각종 SNS 통해 우리는 보다 쉽게 글로벌 인맥을 형성할 수 있다.

이는 자신이 하는 일에 대한 정보도 손쉽게 얻게 해주기도 한다. 해외로 여행을 가거나 비즈니스 때문에 출장을 가게 될 때에는 직접 현지에서 만날 수도 있다. 세상을 보다 편리하게 만든 디지털 기술은 이제 인맥관리에도 그 마법의 손길로 우리를 응원하고 있다.

여기에 더해 스스로 각종 모임에도 적극적으로 꾸준히 참여한다면 언젠가 거대한 인맥의 힘을 실감하게 될 것이다.

〈인맥관리는 이렇게 합시다. 절대 어렵지 않아요.〉

구 분	내 용
기본 컨셉	국내 인맥과 글로벌 인맥을 동시에 관리한다. 그래야 인맥이 온전해진다.
공통	■ 만나는 사람마다 먼저 인사한다. ■ 항상 예의 바르고 친절히 사람을 대한다. ■ 각종 모임에 적극적으로 참여한다.
국내 인맥	■ 지인을 중심으로 인맥층을 형성한다. ■ 다양한 채널을 통해 모르는 사람들도 인맥층으로 흡수한다.
글로벌 인맥	■ SNS 등을 개설 운영해 글로벌 인맥층을 형성해 나간다. ■ 해외여행, 출장 시 서로 도움을 주고받는다.

언어

• 울타리 없는 세상 •

21세기는 지식정보화 시대이며 지구촌이 하나의 시장인 글로벌 시대다. 이러한 시대에 차별적 지식을 흡수하고 글로벌 비즈니스를 펼치기 위한 필수 전략은 세계 공용어인 영어를 비롯한 다양한 언어에 대한 능력을 함양하는 것이다. 특히 세계의 중심이 아시아로 급속하게 이동하고 있기에 중국어를 비롯한 아시아 국가의 언어에 능통하는 것도 매우 중요해지고 있다.

어떤 일을 하든지 국내로 한정한다면 크게 성공하기 어려운 것이 현시대 상황이다. 왜냐하면 국내 시장은 완전 포화상태이고 크게 새로운 것이 없기 때문이다. 세상에 없던 새로운 것을 만들어 지구촌을 누빌 수 있어야 크게 성공한다. 나아가 전 세계 국가에서의 다양한 경험을 축적해서 이를 원하는 바에 접목할 수 있어야 한다. 당연히 언어에 장벽이 있으면 어떤 일을 벌이기가 매우 어려워진다.

요즘은 국내에 살던 국외에 거주하든 어딜 가나 외국인을 만날 수 있는 다문화 세상이다. 그만큼 문화적 융통성은 매우 중요해지고 있다. 더불어 원활한 의사소통을 위해 누구와도 대화가 가능해야 한다.

비즈니스를 하는 경우도 마찬가지다. 외국인과의 의사소통은 물론 유창한 영어로 프리젠테이션을 할 수 있어야 능력을 인정받을 수 있다. 물론 회사 소개서도 영어 등 다국어로 준비가 되어 있어야 글로벌 고객을 유치할 수 있다.

하다못해 운동선수도 영어를 잘해야 크게 성공할 수 있다. 영어를 못해 국내에 머물러 있거나 해외에 진출하더라도 언어 장벽으로 적응을 못하는 선수들은 더 이상 크지를 못하는 게 현실이다.

역사적으로도 울타리를 쳐두고 내 것만을 지키겠다는 국수주의식 사고는 언제나 모진 몰락을 초래했다. 이제 세상은 하루 다르게 변하고 있다. 삽시간에 지구 반대쪽까지 다녀 올 수 있고, 너나 할 것 없이 여행 혹은 비즈니스 차 해외로 나가는 세상에 외국어 한 마디 못하면 당장 큰일 아닌가?

● 소통과 전달력 ●

당연히 현대 사회에서 소통과 전달력은 무엇보다 중요해지고 있다. 세 치밖에 안 되는 혀를 어떻게 다스리느냐에 따라 운명이 결정되기도 하기 때문이다.

'세 치 혀(三寸舌)'라는 말은 중국 고사에 나온다. 중국 위나라 때 장의(張儀)라는 가난한 선비가 있었는데 말재주가 매우 뛰어났다. 하지만 청운의 꿈을 안고 초나라에 간 장의는 오히려 도둑혐의로 매질을 당해 쫓겨난다. 초주검이 돼 집에 돌아온 그는 아내에게 "내 혀가 온전히 있소?"라고 묻는다. 아내로부터 온전하다는 말을 들은 장의는 "그럼, 문제없소"라고 대답한다. 이후 장의는 합종책(合縱策)을 성공시키며 진나라 재상 벼슬까지 오른다.

명심보감의 언어편에는 "입과 혀는 화와 근심의 근원이요, 몸을 망치게 하는 도끼이니라(君平이 曰 口舌者는 禍患之門이요 滅身之斧也니라)"라는 내용이 나온다.

혀는 세 치밖에 안 되지만 내가 어떻게 사용하느냐에 따라 삶의 승패에 큰 영향을 미친다.

여기 언어 능력이 뛰어나 세계의 대통령이 된 사람이 있다. 바로 대한민국의 외교관이자 국제연합(UN)의 사무총장이었던 반기문이다. 반 총장은 중학교 때 영어를 접한 이후 줄곧 영어에 빠져 살았다. 그는 더 큰 세계를 동경하며 친구들이 놀 때 영어 단어를 외우고, 타임지를 읽었다.

고등학교 때는 전국 영어 웅변대회에 나가서 1등을 한다. 이 때 한국 대표로 미국에 가서 직접 케네디 대통령을 만난다. 케네디 대통령을 만난 자리에서 "저의 꿈은 외교관입니다"라고 말한 것이 인연이 돼서 결국 그는 유엔 사무총장까지 오른다. 이러한 그의 성공은 뛰어난 능력과 부지런함에 더해서 영어, 프랑스어, 일본어 등 탁월한 언어 능력이 한몫을 했다.

또 한 사람 예를 들어 보자. 프리젠테이션하면 떠오르는 사람이 있다. 바로 스티브 잡스다. 스티브 잡스는 컴퓨터에만 조예가 있는 것이 아니었다. 세계 최고의 컴퓨터 실력으로 만든 제품을 효율적으로 홍보하는 프리젠테이션 실력도 단연 최고였다. 간결하면서도 핵심을 효율적으로 타인에게 전달시키는 그의 능력은 분명 찬사를 받을 만했다. 이러한 두 가지가 절묘하게 결합돼서 결국 애플은 세계 최고의 기업으로 자리매김했다.

따라서 글로벌 리더가 되고자 하는 사람이라면 외국어, 스피치 등 언어 능력 향상을 위한 노력을 게을리 하지 말아야 한다.

● 언어는 이렇게 ●

그렇다면 어떻게 언어 능력을 향상시킬 것인가?

두 가지 분야로 나눠 보자. 먼저 외국어 분야다. 사실 영어는 어린 시절부터 접한다. 그런데 그렇게 오랜 세월을 공부하지만 정작 외국인을 만나면 말 한마디 건네지 못한다.

이는 암기식 교육의 한계 때문이다. 요즘은 토익, 토플도 듣기, 쓰기, 말하기, 읽기 분야로 나눠서 시험을 치르기 때문에 그 옛날과 다르게 효율적으로 변하고 있다.

전 세계의 공용어는 영어다. 즉 대다수의 나라에서 영어를 소통의 수단으로 사용하고 있다. 따라서 영어는 필수적으로 마스터해야 한다. 이와 더불어 중국어도 매우 중요해지고 있다. 전 세계 시장의 절반을 중국을 비롯한 아시아가 차지하고 있기 때문이다.

이제 미국은 이빨 빠진 호랑이요, 저물고 있는 태양이다. 분명 21세기는 아시아의 세상이다. 이에 대해 누구도 반론을 제기하지 않는다. 다만 조금 늦어지느냐 빨라지느냐의 차이일 뿐이다. 따라서 이제 중국어도 선택이 아닌 필수가 되고 있다. 지금부터라도 중국어 공부에 투자하는 시간을 늘려야 한다. 특히 자녀 교육에서는 빼 놓을 수 없는 항목이다.

물론 영어, 중국어 등을 마스터할 방법은 지천에 널렸다. 꼭 가까운 학원에 다닐 필요가 없다. 학원은 직접 대면으로 공부할 수 있는 장점이 있는 반면 정해진 시간에 정해진 강사로부터 정해진 장소에서 공부를 해야 하는 매우 불리한 조건을 안고 있다.

반면 온라인 강좌는 다르다. 원하는 시간에 원하는 강사로부터 원하는 장소에서 공부를 할 수 있는 유리한 조건을 가지고 있다. 또 원한다면 외국에서 직접 운영하는 사이트에서 원어민으로부터 저렴한 비용으로 강의를 수강할 수도 있다. 결국 장점이 많은 쪽으로 세상은 기울게 되어 있다.

따라서 언어 능력을 향상시키고자 한다면 온라인 강좌 수강을 강력히 추천한다. 또 다양한 SNS를 통해 외국인과 꾸준히 대화하는 시간을 가지면 좋을 것 같다. 물론 우리나라도 이제 다양한 문화의 외국인들이 대학을 비롯해 곳곳에 거주하고 있다. 이들과 소통해 보는 것도 좋은 방법이다.

그런데 언어 능력은 단지 외국어에만 국한된 것은 아니다. 스피치 능력도 언어 능력에 있어 매우 중요하다. 남들 앞에서 말하는 능력도 타고 나는 것은 아니다. 다른 모든 것과 마찬가지로 연습과 노력에 의해 향상된다. 다시 한 번 언급하지만, 말하기 능력은 '타고 나는 것이 아닌 길러지는 것'이라는 점을 꼭 명심해야 한다.

요즘은 워낙 남들 앞에서 말하는 것이 중요해지고 있는 세상이기에 다양한 스피치 전문 학원들이 생기고 있다. 주저할 필요가 없다. 스피치 능력은 노력에 의해서 충분히 길러진다. 언어 능력과 말하기 능력은 떼려야 뗄 수 없는 관계다. 둘을 별개로 보지 말고 하나의 짝으로 여겨 함께 기를 필요가 있다.

〈언어 능력 향상은 이렇게 합시다. 절대 어렵지 않아요.〉

구 분	내 용
기본 컨셉	외국어와 스피치 능력을 동시에 향상시킨다. 그래야 언어가 온전해진다.
공통	■ 글로벌 세상에 합당한 마인드를 갖는다. ■ 언어 능력은 타고 나는 것이 아닌 길러지는 것임을 명심한다.
외국어	■ 영어, 중국어 등 온라인 강좌를 수강한다. ■ 외국인과 꾸준히 대화한다.
스피치	■ 꾸준히 말하기 연습을 한다. ■ 스피치 전문 과정 등을 이수한다.

인생을 송두리째 바꾸는 **슈퍼자기경영**

2단계
흔들리지 않는 삶의 기둥 세우기

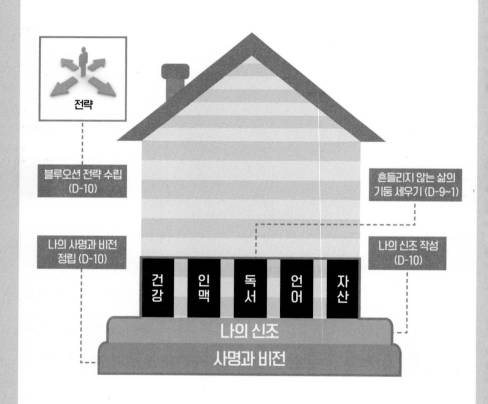

전략

블루오션 전략 수립
(D-10)

흔들리지 않는 삶의
기둥 세우기 (D-9~1)

나의 사명과 비전
정립 (D-10)

나의 신조 작성
(D-10)

| 건강 | 인맥 | 독서 | 언어 | 자산 |

나의 신조

사명과 비전

지속 가능한 가치를 위한 삶의 기둥이 흔들리지 않을 만큼 튼튼해졌다.
이제는 자신을 차별적으로 만들어 줄 '전문적인 일'에 매진해야 한다.

인생을 송두리째 바꾸는 슈퍼자기경영 : 흔들리지 않는 삶의 기둥 세우기

1. 건강

건강 증진을 위한 계획을 적어보세요.

구분	내용
정신 건강	
육체 건강	

2. 자산

자산 증식을 위한 계획을 적어보세요.

구분	내용
안전 자산	
위험 자산	

3. 독서

폭 넓은 독서를 위한 계획을 적어보세요.

구분	내용
일반 교양	
전문 지식	

4. 인맥

글로벌 인맥을 넓히기 위한 계획을 적어보세요.

구분	내용
국내 인맥	
글로벌 인맥	

5. 언어

언어 능력 향상을 위한 계획을 적어보세요.

구분	내용
외국어	
스피치	

Chapter 03

3단계
자신만의 특별한 삶을 꾸며라

세상에서 제일 즐겁고 훌륭한 일은 한 생애를 통해 일관된 일을 가지는 일이다. —올리버 골드스미스

건강, 자산, 독서, 인맥, 언어 등 인생의 기둥이 튼튼해졌다면 혹은 튼튼해지고 있다면, 그 속에서 자신이 좋아하며 잘 할 수 있는 일이 자연스럽게 드러나게 된다. 따라서 이제는 자신이 좋아하며 잘 할 수 있는 일에 모든 역량을 집중해야 한다. 이를 위해 '차별적 지식, 치밀한 계획, 과감한 실행, 탁월한 성과, 효율적 홍보, 지속적 관리'라는 6단계의 활동을 별개가 아닌 하나의 틀로 삼아 남들이 가지 않은 길을

기꺼이 감으로써 최고의 종결자가 되어야 한다.

물론 인생이라는 가치의 집이 흔들려 무너지지 않게 하기 위해서는 '건강, 자산, 독서, 인맥, 언어'라는 다섯 기둥을 튼튼히 하는 활동도 평생 게을리 하지 말아야 한다.

자, 이제 주사위는 던져졌고, 평생을 한결같이 밀어붙이는 일만 남았다.

차별적 지식

● 나를 어떻게 차별화 할 것인가? ●

영국의 유명한 평론가이자 역사가인 토마스 칼라일(Thomas Carlyle)은 "이 세상의 모든 위대한 일의 시초는 사람의 머릿속에서 나온 것이다. 그렇기 때문에 우선 그대의 지식과 사상을 풍부하게 하라. 대(大)건축물도 사람의 머릿속에서 그 형태가 먼저 그려진 연후에 만들어졌던 것이다. 현실은 지식과 사상의 그림자다"라고 말했다.

즉 무슨 일을 하던지 차별적 지식이 있어야 한다. 여기서 말하는 지식은 단순한 일반 교양이 아닌 전문 지식을 의미한다. 물론 차별적 기술도 포함된다. 이 차별적 지식은 남과 차별화 할 수 있는 독보적이며 특별한 능력인 핵심역량(Core Competencies)을 보유할 수 있게 해준다.

핵심역량은 원래 기업 경영에서 사용되는 용어로, 기업내부의 조직 구성원들이 보유하고 있는 총체적인 기술·지식·문화 등 기업의 핵심을 이루는 능력을 의미한다.

이 핵심역량은 1990년 미시간대학 비즈니스 스쿨의 프라할라드 (C.K. Prahalad) 교수와 런던 비즈니스 스쿨의 게리 하멜(Gary Hamel) 교수에 의해 발표된 이론이다. 이때 핵심역량이란 단순히 기업이 잘하는 활동을 넘어 경쟁기업에 비해 월등한 능력, 즉 경쟁우위을 의미한다. 이는 고객을 보다 우수한 수준으로 만족시킬 수 있는 힘이 된다. 예를 들어 애플의 IT 기술, 월마트의 물류시스템, 코카콜라의 콜라 제조 기법 등이 대표적인 기업의 핵심역량이다.

이 핵심역량은 가치성(Valuable), 희소성(Rare), 모방하기 힘듦(Inimi-table), 다른 것으로 대체 불가능함(Non-Substitutable)이라는 네 가지 특성을 가진다. 즉 핵심역량은 가치가 있어야 하며, 흔하지 않아야 하며, 남들이 모방하기 힘들며, 다른 것으로 대체가 불가능해야 한다.

그런데 기업과 마찬가지로 1인 1기업 시대를 맞이해 개인도 핵심역량이 있어야 한다. 개인의 핵심역량은 분명 자신에게 남과 다른 차이를 만들어 준다. 하버드 경영대학원의 미션인 "세상에 차이를 만드는 리더를 양육한다(We Educate Leaders Who Make a Difference in the World)"라는 말에 우리는 깊이 주목할 필요가 있다.

핵심역량을 보유한 개인은 분명히 세상에 차이를 만들어 낸다. 또한 세상을 이끌 리더가 될 것이다. 이러한 핵심역량의 예로는 빌게이츠의 '컴퓨터 프로그래밍 기술', 스티븐 스필버그의 '영화 제작 기술', 스티브 잡스의 '컴퓨터 프로그래밍 및 디자인 능력', 조지 워싱턴의 '정치적 능력', 에스테 로더의 '화장품 제조 기술', 리차드 브랜슨의 '경영 및 사업 능력', 워렌 버핏의 '가치 투자법' 등 매우 다양하다. 이들 모두는 세상에 거대한 차이를 만든 리더가 아니던가?

우물에 가서 숭늉 찾지 말고 길게 보고 차별적 지식, 차별적 기술을 가지기 위한 노력을 게을리 하지 말아야 한다.

● 차별적 지식은 이렇게 ●

그렇다면 어떻게 차별적 지식을 가질 것인가?

단시간에 쉽게 될 일은 결코 아니다. 길게 보고 꾸준히 준비하고 노력해야 얻을 수 있다. 이를 위해서는 독서하는 방법을 극적으로 전환할 필요가 있다. 즉 일반 교양이 아닌 전문 서적을 탐독해야 한다.

그런데 전문 서적을 혼자서 포기하지 않고 꾸준히 탐독하기는 여간 쉬운 일이 아니다. 난해한 문장이 나오거나 어려운 문제에 봉착하게 되면 중도에 포기하고 싶은 마음이 순간순간 생기게 된다. 특히 주변에서 도움을 받을 만한 사람이 없을 때는 더욱 그렇다.

이런 어려움을 이기지 못하면 작심삼일로 끝나고 만다. 그렇다면 좋은 방법이 없을까? 인생 기둥 중 독서에서 잠깐 언급했듯이 학위나 전문 교육 과정에 도전하는 것이다. 학위나 전문 교육 과정에 대한 도전은 일단 뚜렷한 목적의식을 생기게 하며, 도전 의욕을 솟구치게 한다. 게다가 누구나 인정하는 분명한 물리적인 증거(Physical Evidence)

를 확보할 수 있다.

생각보다 이 세상은 호락호락하지 않다. 수천 권을 읽고 지식과 지혜가 넘치더라도 이는 눈에 보이지 않고 드러나지 않기에 남들에게 증명하기가 쉽지 않다. 그래서 세상 사람들은 물리적 증거를 요구한다. 우리가 세상이라는 울타리 안에서 존재하는 한 세상이 요구하는 이러한 물리적 증거를 확보해 보여줄 필요가 있다. 이러한 물리적 증거로 제일가는 것이 바로 학위(Degree)나 전문 교육 과정 이수증이다.

학위나 전문 교육 과정을 이수하려면 비용과 시간이 만만치 않게 든다. 만일 자신이 직장 생활을 하고 있는 경우라면 특히 기회비용을 생각하지 않을 수 없다. 기회비용이란 "어떤 행위를 하기 위해 포기해야하는 다른 기회의 최대가치"이다. 곧 '선택의 비용'이기도 하다. "산토끼 잡으려다 집토끼 놓친다"는 속담은 바로 기회비용의 적절한 예다.

이러한 기회비용을 최소화하면서 정규 학위나 수료증을 취득하기 좋은 방법이 바로 온라인 교육이다. 특히 해외 온라인 학위나 수료증의 경우, 비교적 저렴한 비용으로 해외 유명 대학 정규 학위나 수료증을 취득할 수 있어 직장인에게는 희소식이 아닐 수 없다.

또 온라인 공개수업인 무크(MOOC, Massive Open Online Course)를 이용하는 방법도 좋은 대안이다. 이 무크를 통해 언제 어디서나 누구나 대학 수업을 온라인으로 접속해 무료로 들을 수 있다. 참으로 편리한 세상이 되었다. "21세기 교육은 오프라인 학교 밖에 있다"는 피터 드러커의 말이 현실이 되고 있다. 실제로 상당수의 아시아권 학생들이 어린 시절부터 무크로 공부해 다보스 포럼 강사로 나서기도 하고 MIT 등 세계 최고 명문 대학에 합격하는 사례도 늘고 있다. 최근 포스텍, 서울대, 카이스트 등 국내 최고 명문 대학들이 공동 참여한 한국형 KMOOC도 선보여 큰 인기를 끌고 있다.

물론 학위나 전문 교육 과정 수료증이 아니라도 좋다. 특정 분야를 정해 놓고 그 분야에 집중해서 책을 집중적으로 읽거나 공부하고 연구하다 보면 자연스럽게 차별적 전문 지식을 가지게 된다. 다만 뭔가 남과 차별화 할 수 있는 것이라야 의미가 있다. 새롭지 않으면 세상의 관심을 끌기 어렵고, 성공과도 거리가 멀게 된다.

   하여튼 스스로 갈구하면 반드시 방법이 생기기 마련이다. 문제는 자신이 포기하지 않고 얼마나 노력하느냐는 것이다. 스스로 세계 최고가 되었다는 자부심이 생길 때까지 줄기차게 공부해 보자.

치밀한 계획

● 천리 길도 한 걸음부터 ●

공자는 "일생의 계획은 어렸을 때 있고, 일 년의 계획은 봄에 있으며, 하루의 계획은 아침에 있다. 어려서 배우지 않으면 늙어서 아는 바 없게 되고, 만약 봄에 경작하지 않으면 가을에 바랄 것이 없고, 아침에 일어나지 않으면 그날 아무 일도 하지 못하게 된다"라고 말했다. 또 스페인의 대철학자 발타자르 그라시안(Balthasar Gracian)은 "조급한 마음으로 치밀한 계획도 없이 먼저 벽돌부터 쌓는다면 분명 실패할 수밖에 없다"라고 설파했다.

그만큼 무슨 일을 하더라도 계획이 중요하다는 뜻이다. '구슬이 서 말이라도 꿰어야 보배'라는 말이 있듯이, 차별적 전문 지식이 있더라고 치밀한 계획 없이 무턱대고 실행하다 보면 원하는 결과를 얻기가 어렵다.

무슨 일을 대하더라도 계획을 잘 수립해야 한다. 아니면 아까운 시간만 낭비할 수 있다. 어떤 일의 성패는 대개 계획에서 결정된다. 대부분의 초심자들이 이 계획을 제대로 짜질 못한다. 사실 계획을 잘 짜지 못한다는 것은 어떻게 보면 전문 지식이 부족하다고 볼 수 있다. 그렇다면 전 단계로 되돌아가서 어떤 부분이 부족한지를 꼼꼼히 점검해 다시 공부해야 한다. 그렇게 부족한 부분을 메우고 난 후 다시 계획을 짜게 되면 그 계획은 매우 치밀해진다.

실제로 초짜 프로그래머인 학생들은 대부분 무턱대로 컴퓨터 앞에 앉아서 하세월을 보낸다. 이렇게 해 봤다가 저렇게 해 봤다가 그렇게 허송세월로 한숨을 쉰다. 물론 답이 안 나온다. 그나마 구현을 해도 오작동을 일으킨다. 버그를 잡는데 또 하세월을 보낸다. 남들은 제대로 작동하는 프로그램을 기한 내에 제출하는데, 자신은 눈만 멀뚱멀뚱 뜬 채 안절부절 허탕만 친다.

프로그램에 대한 전문 지식이 완벽한 사람은 먼저 개략적인 프로그램 설계도인 알고리즘을 짠다. 그러고 나서 그 알고리즘대로 차근차근 프로그램을 구현한다. 그렇기 때문에 남들보다 보다 빨리 보다 완벽하게 프로그램을 구현할 수 있다.

책 쓰기도 마찬가지다. 책에 담을 내용에 대한 전문 지식이 완벽하면 목차가 자연스럽게 나온다. 당연히 목차를 쓸 수 있다는 것은 책에 대한 전문 지식이 충분하다는 뜻이기도 하다. 결국 책쓰기란 목차를 쓰는 게 반인 셈이 된다. 목차가 나오면 이후에는 목차대로 차곡차곡 글을 채워가기만 하면 된다. 책쓰기에서 목차는 바로 어떤 일에 대해 계획을 수립하는 것과 일맥상통한다.

조급한 마음으로 치밀한 계획도 없이 먼저 벽돌부터 쌓는 우를 범하지 말아야 한다. 그래야 실패 없이 멋진 집을 지을 수 있다.

● 치밀한 계획은 이렇게 ●

그렇다면 보석과도 같은 차별적 전문 지식을 잘 꿰어 보배로 만들어 줄 계획은 어떻게 짜야 할까? 뭐니 뭐니 해도 자신의 시간 계획을 치밀히 관리 할 수 있어야 한다. 특히 하루 일정 관리는 매우 중요하다. 하루 일정 관리를 잘 하는 사람은 일주일, 한 달, 평생 일정도 잘 관리하기 마련이다. 만일 두 가지 일을 병행하는 경우에는 하루 일정도 근무 시간 내 일정과 근무 시간 이후의 일정으로 나눠야 한다.

요즘은 컴퓨터로 일정을 관리할 수 있게 프로그램이 많다. 이러한 프로그램을 이용하면 편리하게 자신의 일정을 잘 관리할 수 있다. 특히 그날 일정을 시작하기 전에 하루 일정을 프로그램에 등록하는 습관을 길러야 한다. 대충 여섯 가지 정도 할 일을 적게 되면 하루 일정은 매우 알차게 짜여진다.

하루 일정을 관리하는 습관이 몸에 배게 되면 자연스럽게 먼 미래까지 그 보는 시야가 확장되게 된다. 즉 장기적인 계획에 대한 욕구가 자연스럽게 생긴다.

경영학 대가인 피터 드러커(Peter Drucker)는 성공적인 삶을 위해서는 10분 뒤와 10년 뒤를 동시에 생각해야 한다고 말했다. 즉 장단기 목표를 함께 짜서 시행하면 좀 더 성공에 가까워진다는 의미다.

21세기 경영의 신이라고 불리는 잭 웰치의 부인인 수지 웰치는 『10-10-10』에서 10분 뒤, 10개월 뒤, 10년 뒤를 동시에 생각하라고 조언했다. 이는 피터 드러커의 단기와 장기 계획을 수립하라는 주장에서 한 단계 더 나아간 개념으로 중기 계획도 함께 포함해 계획을 수립해 실행하면 성과를 극대화할 수 있다는 것이다.

여기서 우리가 주의해야 할 점이 있다.

단기 계획에 너무 집중하면 소소한 성과는 만들어 낼 수 있지만 장기적인 인생 방향은 상실할 수도 있다. 반면 장기적인 큰 그림에만 너무 집중하면 단기적인 성과를 만들어 내기 어렵게 된다. 따라서 단기,

장기 계획을 함께 그리는 습관을 기를 필요가 있다. 물론 중기 계획도 추가하면 계획은 더욱 알차지고 결과도 더욱 풍성해진다.

이러한 단기, 중기, 장기에서 한 단계 더 나아갈 수도 있다. 아래의 피터 드러커의 일화에 주목해 보자.

드러커는 13세 되던 해, 그가 다니는 학교에서 필리글러라는 신부가 종교수업을 맡고 있었다. 그 신부는 사람을 감동시키는 특별한 힘을 갖고 있었다. 어느 날 필리글러 신부는 교실에 들어서자마자 학생들 하나하나에게 다음과 같이 질문하였다.

"너는 죽은 후에 어떤 사람으로 기억되고 싶으냐?"

자신이 죽는다는 사실을 꿈에도 생각해보지 않은 소년들은 아무도 그 질문에 대답하지 못했다. 잠시 후 신부는 껄껄 웃으면 말했다.

"나는 너희들이 내 질문에 대답할 수 있을 것이라고 생각하지 않았다. 그러나 너희들이 50세가 되었을 때에도 내 질문에 대답할 수 없다면 너희들은 인생을 헛살았다고 할 수 있을 것이다."

많은 세월이 흘러 드러커와 친구들은 졸업60주년 동창회를 가졌다. 그날 모인 친구들은 한결같이 그 질문이 자신들을 완전히 바꿔놓았다고 말했다.

또한 피터 드러커는 세월이 흐른 후 그 질문에 대한 대답을 어느 인터뷰에서 이렇게 말했다.

"여러 사람들의 성공을 도와준 사람으로 기억되기 바랍니다(I hope to be remembered for a man who helped several people achieve their goals)."

그렇다. 사후의 평가까지 염두에 두고 인생을 계획한다면 좀 더 차이 있는 삶을 살 수 있지 않을까? 즉 단기, 중기, 장기 계획에 평생 계획을 추가한다면 자신이 진정으로 원하는 멋진 삶을 살 수 있게 된다. 그런데 시간은 한정되어 있다. 그러니 자신의 가치를 늘려가기 위해서는 특별한 시간 관리 기법이 있어야 한다.

여기서 특별한 시간 관리 기법을 하나 소개한다. 이름하여 '체용(體用)의 시간관리법'이다.

체용(體用)의 시간관리법

본체: [1 + 6 = 7(행운)]
+
작용: [생장성(生長成) 3단계 변화]
= 완성 [10(十)]

언뜻 보면 다소 복잡해 보일지 모른다. 하지만 생각보다 간단하다. 우주 안의 모든 만물은 그 역할에 있어 반드시 본체와 작용으로 나눠진다. 본체는 말 그대로 본질적인 역할을 하는 것이고, 작용은 이에 상응해 어떤 기제가 일어나게 하는 것을 말한다.

물을 예로 들면 이해가 쉽다. 우주에서 만물의 탄생은 물로부터 비롯됐다. 지구에서 70%가 물이듯이, 인체도 70%가 물이다. 이 물을 이루는 수소의 원소 번호는 1번이다. 물의 본체는 1인 셈이다. 또 이 물은 6각형을 이룰 때 완벽해진다. 그런데 물은 고체, 액체, 기체로 3 단 변화를 하며 끊임없이 순환한다.

자, 이를 우리 삶에 적용해 보자. 즉 하루(1 day), 일주일(1 week), 한 달(1 month), 일 년(1 year), 십 년(1 decade), 백 년(1 hundred) 단위로 나 눠서 계획을 세우는 것이다. 각 단위별로 6가지 정도 할 일을 메모해 서 실행해 보자. 하루에 6가지, 일주일에 6가지, 한 달에 6가지, 일 년 에 6가지, 십 년에 6가지, 백 년에 6가지 식으로 말이다.

또한 하고자 하는 일은 3단계로 나눠서 접근하면 좋다.

1단계는 시작, 2단계는 발전, 3단계는 완성으로 말이다. 예를 들어 책을 읽더라도 처음에는 대충 훑기, 둘째는 정독, 셋째는 완전히 이해 하는 식으로 하면 책을 더욱 깊이 있게 읽을 수 있게 된다.

그렇다면 완벽한 10수를 이뤄 계획을 더욱 치밀히 해 성공에 가까워

질 수 있게 된다. 이를 자신의 상황과 여건에 맞게끔 변형해서 꼭 한

번 실생활에 적용해 볼 것을 권한다.

과감한 실행

● 진정한 힘 ●

21세기형 실학, 액션러닝(Action Learning)의 창시자 레그 레반스(Reg Revans) 교수는 이렇게 말했다. "실행이 없으면 배움도 없고, 배움이 없으면 실행도 없다." 독일 문학의 최고봉 괴테(Geothe)도 이렇게 말했다. "아는 것만으로는 부족하다. 우리는 이를 반드시 삶에 적용시켜야 한다. 의지만으로는 부족하다. 우리는 이를 반드시 행동으로 옮겨야 한다."

차별적 전문 지식, 치밀한 계획도 과감하게 실행에 옮길 때만 의미가 있다. 작심삼일(作心三日)이라는 말이 있듯이, 만일 실행에 옮기지 못한다면 모든 것이 말짱 도루묵이 된다.

영국의 철학자 프랜시스 베이컨은 "아는 것이 힘이다"라고 말했지만, 실제로는 아는 것이 힘이 될 수 없다. 아는 것은 단지 힘의 근원일 뿐이다. 괴테의 말대로 아는 것만으로는 부족하며, 삶에 적극적으로 적용하고 반드시 행동으로 옮길 때 비로소 아는 것은 진정한 힘이 된다.

결국 실행이 답이라는 말이다. 실행하지 않으면 그 무엇도 의미를 상실하게 된다. 물론 실행하면 때로는 좌절하기도 하고 실패하기도 한다. 하지만 그 속에서 새로운 경험도 하게 된다. 그 경험은 종국에는 성공으로 자신을 이끌어 준다.

우리는 토마스 에디슨을 익히 잘 알고 있다. 전기를 발명할 당시 무려 2,000번 이상을 실패했다. 하지만 그는 이를 단 한 번도 실패라고 생각지 않았다. 단지 '수천 번의 안 되는 방법을 찾아냈을 뿐'이라고 생각한 그의 불꽃같은 정신을 본받아야 한다.

처음부터 성공하리라고 생각지 마라. 처음부터 성공하는 것이 오히려 해가 된다. 수천 번의 실패에도 불구하고 다시 일어나 변함없이 도전하는 그 정신이 오히려 위대한 법이다.

자, 실패를 두려워 말고 지금 바로 도전하라.

● 과감한 실행은 이렇게 ●

하지만 실행한다는 것은 말처럼 그리 쉬운 일이 아니다. 사실 실행의 힘은 비전, 즉 꿈에서 이미 결정되었다고 보면 더도 덜도 없이 맞는 말이다. 무슨 뜻이냐면, 꿈에 대한 열정이 강하면 강할수록 실행력은 커질 수 있다. 반면 꿈에 대한 열정이 약하면 실행력도 그에 상응해서 약해지기 마련이다. 결국 꿈을 생생하게 꿔야 실행력도 생생하게 커진다는 것이다.

물론 실행에도 나름의 방법은 존재한다. 우선 치밀히 짠 계획을 문서화해서 조촐히 각오를 다지는 의식을 행해 보자. 새해 계획인 경우에는 새해 첫 날 떠오르는 태양과 함께 기도하는 것도 좋은 방법이다. 새해 계획이 아니라면 적당한 길일을 택해서 다시 한 번 계획을 체크하고 스스로 각오를 다지면 좋다.

옛 위인들이 큰일을 앞두고 명산대천을 찾아서 제(祭)를 올리는 것도 다 이유가 있다. 이를 단순히 미신으로 치부한다면 큰 깨달음을 얻기 어렵다. 이 특별한 의식을 통해 앞으로 닥칠지도 모를 어떠한 고난도 슬기롭게 이겨내 멋진 작품을 만들어 낼 것을 스스로 강력히 맹세하는 것이다. 하늘이나 신과의 맹세라기보다는 기필코 이뤄 내겠다고 자신과 뜨거운 약속을 하는 것이기에 스스로의 정성에 따라 결실이 맺히는 것이다.

따라서 비전과 목표가 정해지고, 치밀한 계획을 바탕으로 조촐한 의식을 행한 후에는 좌고우면하지 않고 우직하게 달리면 된다. 물론 아무리 계획을 치밀히 짜도 상황과 여건은 변하기에 그때그때에 따라서 계획을 수정해야 한다.

원래 처음에 계획한 대로 되는 법은 거의 없다. 따라서 계획을 수정하는 것을 너무 짜증스럽게 생각하지는 말아야 한다. 신이 아닌 이상 완벽한 계획은 없는 법이다.

그런데 실행력은 꿈에 의해 크게 좌우하는 것이 맞지만 이것이 다는 아니다. 즉 인생의 기둥인 건강, 자산, 독서, 인맥, 언어가 뒷받침이 되지 않으면 실행은 작심삼일로 끝날 수도 있다. 몸과 마음이 건강하지 않는데 어찌 지속적으로 실행에 옮길 수 있겠는가? 실행에는 정신력도 체력도 모두 필요하다. 그렇기 때문에 몸과 마음이 모두 건강해야 한다. 건강을 잃으면 아무것도 할 수 없다. 또 자산, 즉 뭔가를 하려면 비용이 든다. 자본주의 사회에서 돈 안 들이고 할 수 있는 일은 별로 없다. 그렇기에 종잣돈 정도는 있어야 무슨 일이라도 벌일 수 있다.

독서는 어떤가?

독서는 통찰력을 길러준다. 실행하다 보면 예기치 못하는 상황이 발생한다. 이러한 상황을 돌파할 수 있는 힘이 바로 독서에서 나온다. 도서관에서 책을 두껍게 쌓아 놓고 읽는 것은 절대 허송세월이 아니다. 물론 인맥도 언어도 중요한 기둥임은 주지의 사실이다. 혼자 가면 빨리 가지만 같이 가면 멀리 갈 수 있다. 이것이 바로 인맥의 힘이다. 또 다국어 능력과 스피치 능력은 보다 크게 보다 효율적으로 일을 할 수 있게 해 준다.

인생의 기둥이 튼튼하면 믿는 구석이 있어 항상 당당하고 자신감이 넘치게 된다. 인생의 다섯 기둥은 마치 물속에 잠겨 있는 빙산의 90%와 같다. 10%의 실행력을 위해 나머지 90%가 물 속에 잠겨 있는 셈이다. 눈에 보이지 않는다고 간과하면 안 된다. 기둥은 말 그대로 인생의 기둥이다.

그렇기에 진정으로 실행력을 높이려면 평생 인생의 기둥을 튼튼히 세우는 일련의 활동을 게을리 하지 말아야 한다.

탁월한 성과

● 핵심역량을 바탕으로 한 최고 ●

치밀한 계획을 바탕으로 포기하지 않고 과감히 실행에 옮겼다면 분명히 눈에 보이는 성과가 나오게 된다. 만일 성과가 없다면 이는 그 전 단계에 문제가 있다는 의미다. 그러므로 이때는 그 전 단계를 다시 면밀히 체크해야 한다.

그런데 성과는 이왕이면 탁월해야 한다. 탁월하지 않는 성과, 차이가 없는 성과는 사람들이 대개 관심을 기울이지 않는다. 요즘 같은 최첨단 과학이 지배하는 때에는 세상에 없던 것, 특별한 차이가 있는 탁월한 성과에 주목하기 마련이다. 그냥 밋밋한 성과, 남들도 따라 할 수 있는 성과로는 그 누구의 관심도 받을 수 없고, 세상의 발전에도 기여할 수 없다.

탁월한 성과를 만들어 낸다는 것은 곧 그 분야에서 최고가 된다는 의미다. 경영학의 구루 톰 피터스의 예언대로, 개인도 이제 하나의 기업이 되고 있다. 즉 1인 1기업 시대가 도래하고 있다. 그렇기에 자신의 분야에서 최고가 되기 위해서는 반드시 핵심역량을 보유해야 한다. 이러한 핵심역량을 지속적으로 강화하다보면 언젠가 자신의 분야에서 최고로 우뚝 서게 된다.

물론 요즘 같은 글로벌 시대에는 당연히 세계 최고(World Best)가 되어야 한다. 지구가 하나의 시스템으로 연결되면서 국내 최고는 그 의미를 상실해 가고 있다. 반드시 세계 최고로 목표로 뛰어야 한다. 최고는 곧 탁월함(Excellence)이다.

● 탁월한 성과는 이렇게 ●

과학자들의 연구 결과에 의하면 사람의 유전자는 겨우 3%만 활동한다고 한다. 나머지 97%는 전혀 사용이 안 된다는 것이다. 결국 스스로 한계를 짓지 않는다면 누구나 최고가 될 수 있다는 것이다. 나머지 97%가 사용될 수 있도록 조금만 노력한다면 안 되는 일이 없는 법이다. 절대로 스스로의 한계를 규정하지 말아야 한다.

다리가 한 개 밖에 없는 닉 부이치치는 스스로를 세상에서 가장 행복한 사람이라고 정의하면서 수영도 하고, 드럼도 치고, 키보드로 글도 쓴다. 현재 그는 세계 최고의 '행복 전도사'로 왕성하게 활동 중이다.

그의 핵심역량을 한마디로 정의하면 절대 스스로의 한계를 짓지 않는 '긍정'이다. 진정으로 매우 강력한 핵심역량이 아닐 수 없다. 그렇기에 그는 행복 전도사로서 세계 최고가 된 것이다.

물론 평범한 사람이 최고가 되기 위해서는 피나는 노력이 필요하다. 신경과학자인 다이엘 레비틴(Daniel Levitin)은 어느 분야에서든 세계 수준의 전문가가 되려면 타고난 재능에 상관없이 최소한 1만 시간의 연습이 필요하다는 연구결과를 발표했다. 이를 1만 시간의 법칙이라고 한다. 즉 최고가 되려면 최소 하루 3시간씩 10년은 투자해야 한다는 것이다. 세계적인 유명인사인 빌 조이, 비틀즈, 빌 게이츠도 예외가 아니다.

따라서 한 분야에 최소 10년은 투자한다는 각오로 임하면 누구나 세계가 주목하는 핵심역량을 보유하게 된다. 이는 곧 탁월한 성과로 이어진다.

효율적 홍보

● 우리 모두는 세일즈맨이다 ●

무일푼으로 시작해 미국 50대 부자로까지 선정된 자선 사업가이며 자기계발서 작가인 클레멘트 스톤(W. Clement Stone)은 이렇게 말했다. "우리는 모두 세일즈맨이다. 제품이나 서비스를 팔기 위해 고객을 방문하는 일을 직업으로 삼고 있는 이들은 말할 것도 없고 사람은 누구나 다 무언가를 팔고 있는 것이다."

실제로 맞는 말이다. 우리는 세상의 빛을 본 이래 자본주의 사회에 적응하기 위해 줄곧 교육을 받는다. 이러한 교육도 알고 보면 뭔가를 팔아서 이익을 얻기 위함이다. 교육으로 남들보다 뛰어난 능력을 갖추게 되면 그 능력을 판매함으로써 더 많이 소유하게 되는 것이다. 물론 자신의 능력으로 새로운 작품을 만드는 것도 대개 판매를 전제로 하고 있다. 팔리지 않는 작품은 그냥 개인 취미생활일 뿐이다.

하다못해 남자가 자신의 능력을 키우고, 여자가 더 예뻐지려는 모든 행위도 어떻게 보면 상대에게 더 매력적으로 보여서 이성을 얻으려는 마케팅 활동의 하나다. 결국 모든 사람은 뭔가를 판매하고 있는 셈이다. 절대 부정할 수 없다. 능력이든 기술이든 그 판매의 대가로 월급이나 수익을 얻게 되는 것이다.

하지만 이 세상은 나보다 뛰어난 사람들이 지천에 깔렸다. 그렇기에 별생각 없이 교육 받으면서 스펙만 쌓는다고 보다 나은 삶을 보장 받는 것은 아니다.

따라서 우리는 홍보니 마케팅이니 세일즈 같은 것에 거부 반응을 보이면 안 된다. 아니 오히려 자신의 능력이나 작품 등을 어떻게 남들에게 어필할지를 깊이 고민해야 한다.

● 효율적 홍보는 이렇게 ●

그렇다면 자신의 능력이나 작품을 어떻게 효율적으로 홍보할 것인가?

자신의 능력을 홍보하는 경우, 우리는 이를 PR(Public Relation)이라고 부른다. PR에는 크게 두 가지 방법이 있다. 하나는 능동적으로 자신의 능력을 타인에게 알리는 것이고, 또 하나는 타인이나 세상이 먼저 자신을 찾게 하는 방법이 그것이다.

전자의 경우에는 홍보비용이 많이 든다. 만일 능력이 비천하다면 실제 홍보 효과는 극미할 수 있다. 왜냐하면 사람들이 처음에는 관심을 보이다가 나중에는 실망하면서 떠날 수 있기 때문이다. 후자의 경우에는 자신을 최고로 만드는데 시간과 노력이 많이 든다. 하지만 한 분야에서 최고가 되면 자연스럽게 입소문이 나서 사람들이 찾게 된다. 당연히 실제 홍보 효과는 매우 크다.

역사적인 사례를 한 번 살펴보자.

제갈공명을 모르는 사람은 없다. 제갈공명은 전설적인 전략가이다. 그는 산 속에 들어 앉자 오랜 세월 동안 자신을 갈고 닦아 전략에 있어서는 타의추종을 불허하는 최고가 되었다. 이러한 소식은 당시 천하를 호령하기 위해 인재를 구하던 유비의 귀에 들어갔다. 인재가 절실했던 유비는 무려 세 번이나 제갈공명에게 손을 내민다.

여기서 순진하게 제갈공명이 속세를 떠나기 싫어서 처음에 유비를 만나 주지 않았다고 생각하면 세상에 대한 통찰력이 부족하다. 전략의 대가 제갈공명은 최고가 돼 세상이 자신을 먼저 찾게 하기 위한 고도의 전략을 구사한 것이다. 이러한 전략에 유비가 영락없이 걸려든 것이다. 누가 먼저 손을 내미느냐는 사소해 보일지 모르지만 필경에는 매우 큰 차이를 낳는다. 조금만 깊이 생각해 보면 알게 된다.

근래에는 웨런 버핏과의 점심 식사 가격이 큰 화제가 되고 있다. 그 가격이 무려 수억 원에 달한다니 정말 놀라지 않을 수 없다. 사람들은 왜 이렇게 비싼 돈을 들여가며 웨런 버핏을 만나기 위해 안달일까? 당연히 그는 재테크 분야에서 세계 최고이기 때문이다.

작품 활동도 마찬가지다. 최고의 작품을 만들게 되면 홍보는 저절로 이뤄진다. 능력이든 작품이든 수준이 떨어지게 되면 그만큼 홍보비용도 증가하게 되고, 홍보는 비효율적이 된다. 그렇기 때문에 능력이든 작품이든 최고를 만들기 위해 혼신의 노력을 다해야 한다. 최고가 되면 세상이 반드시 먼저 찾게 된다. 최고가 되고 최고의 작품을 만드는 것이 바로 가장 효율적인 홍보 방법이다.

지속적 관리

● 멈춤 없는 성장 ●

영국의 저술가이자 비평가인 존 러스킨(John Ruskin)은 이렇게 말했다. "살아서든 죽어서든 너의 책임을 완수하라." 미국 워너메이커 백화점의 설립자인 존 워너메이커(John Wanamaker)도 말했다. "맡겨진 책임에 충실하면 기회는 스스로 만들어진다."

21세기 최고의 경영서 중의 하나인 『좋은 기업을 넘어 위대한 기업으로』의 저자 짐 콜린스는 이 책에서 왜 좋은 기업들이 위대한 기업으로 도약하지 못하고 중도에 몰락하게 되는지를 파헤쳤다. 그 주요한 이유는 바로 자만심과 안주하려는 태도다.

사람들도 마찬가지다. 사람들은 대개 뭔가를 조금이라도 이뤄내면 거기에 만족한 나머지 그 다음은 잘 신경을 안 쓴다. 현재의 성공에 도취되어 자만심과 안주하려는 마음이 커진다. 게다가 자신이 한 일에 대해서 끝까지 책임을 지려 하지 않는다. 이는 지속 가능한 성공과는 거리가 멀다. 한 번 시작했으면 지속적으로 뭔가를 만들어 낼 필요가 있다. 또한 끝까지 책임을 져야 한다. 한두 번의 성공에 만족하는 순간 그 이후는 쭉 퇴보로 접어들게 된다.

아놀드 J. 토인비(Arnold Joseph Toynbee)는 『역사의 연구』에서 "한 대목에서 성공한 창조자는 다음 단계에서 또 다시 창조자가 되기 어렵다. 왜냐하면 이전에 성공한 일 자체가 커다란 핸디캡이 되기 때문이다. 이들은 이전에 창조성을 발휘했다는 이유로 지금의 사회에서 권력과 영향력을 행사하는 요긴한 자리에 있다. 그러나 그들은 그 지위에 있으면서도 사회를 전진시키는 일에 쓸모가 없다. 노 젓는 손을 쉬고 있기 때문이다"라고 일갈했다.

성공에 안주하는 순간 이는 핸디캡으로 둔갑해 버린다. 그러곤 짧은 순간의 달콤한 열매를 뒤로 한 채 실패의 늪에 깊이 빠지게 된다. 이렇게 되지 않으려면 아침에 일어나자마자 사막의 가젤처럼 줄곧 뛰어야 한다. 그래야 생존할 수 있고, 성장할 수 있다. 성장이 멈추는 순간 삶은 흔들리게 된다. 그래서 나폴레옹은 이렇게 말했다. "성공했을 때가 가장 위험하다."

● 지속적 관리는 이렇게 ●

그렇다면 어떻게 지속적으로 관리할 것인가?

당태종(唐太宗) 이세민은 위징, 방현령 등 명재상의 보필을 받아 '정관(貞觀)의 치(治)'를 이룬 인물이다. 정관 10년 당태종은 대신들에게 "창업(創業)과 수성(守成) 중에서 어느 쪽이 더 어려운가?"라고 묻는다. 이에 위징은 "예로부터 임금의 자리는 간난 속에서 어렵게 얻어 안일 속에서 쉽게 잃는 법이라고 합니다. 그런 만큼 창업(創業)보다는 수성(守成)이 더 어렵습니다"라고 대답한다.

지속적인 관리는 곧 수성을 의미한다. 여기 몇 가지 수성 전략이 있다.

첫째, 이루기 힘든 비전과 장기적인 목표를 세우자. 목표가 작으면 그만큼 빨리 이뤄 버릴 가능성이 크다. 평생 줄곧 뛸 수 있는 큰 비전과 목표를 세운다면 매일 아침이 새로워 쉴 시간이 없을 것이다.

둘째, 안이한 상태에 놓이는 것을 항상 경계하자. 안이한 상태는 행복이 아니다. 몰락의 다른 이름일 뿐이다. 절대 편안함을 구하려고 하지 말자. 삶은 열심히 뛸 때 진정으로 행복하다.

셋째, 자만심과 교만한 마음은 반드시 무찔러야 한다. 잘난 체 하면 안 된다. 주변에 적이 갑자기 생기기 시작한다. 그렇다면 운신의 폭이 좁아지고 급기야 다른 성과를 만들기 어렵게 된다. 절대로 교만하지 말자. 세상에는 자신보다 잘난 사람이 언제나 존재한다. 항상 겸손하자.

넷째, 경쟁우위를 넘어 상생우위 전략을 취하자. 경쟁우위도 성과를 만들어 낼 수 있다. 하지만 이는 언젠가 한계를 노출하게 된다. 하나를 만들면 절반 이상은 남에게 떼어준다는 심정으로 일하자. 그렇다면 언젠가 더 큰 것을 우주는 돌려준다.

삶은 생각보다 길다. 무슨 일이든 평생한다는 생각으로 임해야 한다. 평생한다고 생각하면 뭐든 책임지지 않겠는가? 당연히 진정으로 자신의 모든 것을 바쳐 일할 것이다.

인생을 송두리째 바꾸는 **슈퍼자기경영**

3단계
남다른 특별한 인생의 집 꾸미기

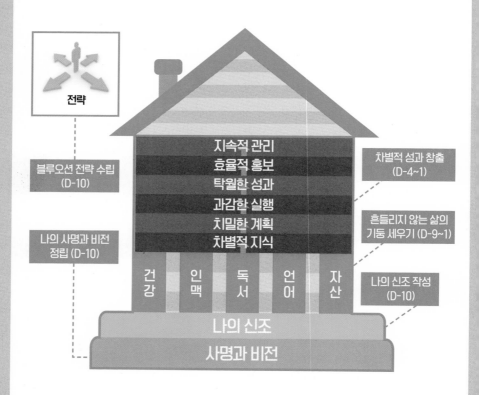

전략

블루오션 전략 수립
(D-10)

나의 사명과 비전
정립 (D-10)

지속적 관리
효율적 홍보
탁월한 성과
과감한 실행
치밀한 계획
차별적 지식

건강 인맥 독서 언어 자산

나의 신조

사명과 비전

차별적 성과 창출
(D-4~1)

흔들리지 않는 삶의
기둥 세우기 (D-9~1)

나의 신조 작성
(D-10)

'전문적인 일'을 통해 자신만의 특별한 인생의 집을 멋지게 꾸몄다.
이제는 이를 지속 가능케 해 세상에 아름다운 가치를 남겨야 한다.

인생을 송두리째 바꾸는 슈퍼자기경영 : 남다른 특별한 인생의 집 꾸미기

1. 차별적 지식
차별적 전문 지식 함양을 위한 계획 및 일정을 적어보세요.

계획	일정

2. 치밀한 계획
차별적 전문 지식을 바탕으로 하고자 하는 분야에 대한 치밀한 실행 계획 및 일정을 적어보세요.

계획	일정

3. 과감한 실행
치밀한 계획을 바탕으로 한 과감한 실행 전략 및 일정을 적어보세요.

전략	일정

4. 탁월한 성과
과감한 실행을 통해 이룰 성과에 대한 전략 및 일정을 적어보세요.

전략	일정

5. 효율적 홍보
탁월한 성과에 대한 효율적 홍보 전략 및 일정을 적어보세요.

전략	일정

6. 지속적 관리
효율적 홍보를 바탕으로 지속 가능한 성과 창출을 위한 지속적 관리 방안 및 일정을 적어보세요.

방안	일정

Chapter 04

4단계
삶의 가치에 날개를 달아라

성공한 사람이 되려 하지 말고 가치 있는 사람이 되려고 하라.

—아인슈타인

인생의 주춧돌을 놓고, 기둥을 세우고, 내부를 멋지게 꾸몄다면 분명 누구나 성공이라는 달콤한 열매를 만끽할 수 있다. 당연히 LVH대로 포기하지 않고 꿋꿋이 실행했다면 성공만큼 쉬운 것도 없게 된다. 오히려 성공을 안 하는 게 이상할 것이다. 하지만 이것이 다는 아니다. 스스로를 잘 통제하면서 외부와 끊임없이 소통해야 한다. 즉 지속 가능한 성공을 넘어 인생을 가치롭게 하기 위해 그 성공을 타인과 함께 나눠야 한다.

　혼자만의 성공은 진정한 성공이 아니다. 진정한 성공은 타인과 함께할 때 가능하다. 이에 지속 가능성과 진정한 가치가 존재한다. 이름하여 지속 가능한 가치다. 가치를 더욱더 가치롭게 하자.

성공

● 달콤함 열매 ●

여기까지 별 탈 없이 왔다면 그대가 원하던 성공은 그대의 몫이 된다. 돈이든, 명예든, 권력이든 그 무엇이든 분명히 그대의 손에 쥐어져 있을 것이다. LVH대로 실행했는데 전혀 성과가 없다면 자신을 되돌아보라. 뭔가 허점이 있었을 것이다. 그 허점을 다시 메우고 고치고 다듬어라. 그리하여도 답이 안 보인다면 이는 분명 그대 자신을 속이고 있는 것이다.

단언컨대 LVH는 성공의 답이다.

그렇기 때문에 믿고 행하면 답이 반드시 나오게 되어 있다. 그렇지 않다면 분명 그대는 그동안 열심히 사는 것처럼, 뭔가를 하는 것처럼 그대 자신을 위장한 것이다. 그 가면을 과감히 벗어던져라. 그래야 그대의 진정한 모습을 되찾아 그대가 원하는 바를 성취하게 된다.

농부가 봄에 씨앗을 뿌려야 가을에 열매를 수확할 수 있다. 씨앗 뿌리는 것을 싫어한다면 어찌 열매를 따 담을 수 있겠는가?

대개 성공한 사람들에게는 몇 가지 공통점이 있다.

첫째, 가슴 뛰는 비전과 사명이 있다. 둘째, 자신이 좋아하는 일에 끝까지 포기하지 않고 몰입한다. 셋째, 자기 관리에 뛰어나다. 넷째, 자신의 일을 통해 보다 많은 사람들을 기쁘게 한다.

이를 통해 알 수 있듯이 성공의 씨앗은 바로 자신을 살아 숨 쉬게 했던 '비전'과 '사명'이다. 그렇기 때문에 만일 그대의 성공이라는 열매에 대해 불만이 있다면 그대의 성공의 씨앗인 '비전'과 '사명'을 다시 점검해야 한다.

콩 심어 놓고 팥을 기대한다면 곤란하지 않겠는가?

콩을 원한다면 콩을 심어라. 팥을 원한다면 팥을 심어라. 다른 무

엇을 원한다면 정확히 그대가 원하는 그 무엇을 다시 심고 LVH대로

행하라. 그렇다면 그대가 원하는 그 무엇을 반드시 얻게 된다. 즉 성

공을 하게 된다.

• 성공이 다는 아니다 •

하지만 절대로 성공이 다는 아니다.

성공, 즉 공을 이룸은 우리 인생의 절반이다. 공을 이루었다면 이제 나머지 반인 나눔의 문제가 발생한다. 나눔에 대해서 진지하게 생각하지 않았다면 반쪽짜리 인생을 산 것이고 반쪽짜리 성공을 한 것이다.

자, 집짓기를 다시 한 번 되돌아보자.

집이 완전하려면 우선 외풍을 잘 막을 수 있어야 한다. 비바람이 몰아치는 곳에 집을 짓는다면 얼마나 오래 가겠는가? 일단 집은 견고해야 한다. 그렇다고 창문도 없는 집을 지을 수는 없는 노릇이다. 왜냐하면 창문이 없으면 공기가 소통이 안 되어 언젠가 내부가 곪아 터지기 때문이다. 또 기왕이면 정원도 있는 전원주택이면 더할 나위가 없을 것이다. 요즘 말하는 소위 웰빙을 할 수 있게 된다.

인생도 마찬가지다.

집을 견고하게 짓는 것이 성공이라면, 창문을 만들고 정원을 가꾸는 이 모든 것이 바로 나눔이다. 창문, 정원 등이 없는 집은 사람들이 잘 찾지를 않는다. 왜냐하면 무미건조하기 때문이다.

나눔이 없는 성공은 무미건조하고 볼썽사납다. 자신 외에는 누가 좋아하고 찾겠는가? 그렇기 때문에 그 성공은 혼자만의 즐거움이 되고 오래 가지를 못한다. 기왕이면 오래가는 성공을 하는 게 바람직하지 않겠는가?

사랑

노블레스 오블리주(Noblesse Oblige)

　노블레스 오블리주는 초기 로마시대에 왕과 귀족들이 보여 준 투철한 도덕의식과 솔선수범하는 공공정신에서 비롯된 높은 사회적 신분에 상응하는 도덕적 의무를 뜻하는 말이다. 로마시대에는 귀족 등 고위층이 직접 전쟁에 참여하는 전통이 있어 건국 이후 500년 동안 원로원의 귀족 비중이 급감하기도 했다. 사실 귀족들의 솔선수범과 희생에 힘입어 로마는 고대 세계의 맹주를 굳건히 할 수 있었다.

　근현대에 이르러 이러한 도덕의식은 계층 간 대립과 위화감을 줄이는 수단으로 작용했다. 실제로 영국의 고위층 자제가 다니던 이튼칼리지 학생 2,000여 명이 세계대전에 참전해 전사했다. 포클랜드 전쟁 시에는 앤드루 왕자가 조종사로 참전하기도 했으며, 중국의 마오쩌둥 아들도 6·25전쟁에서 전사했다.

미국의 경우, 세계 최고의 가치 투자자 워런 버핏, 마이크로 소프트의 창립자 빌게이츠와 공동 창업자인 폴 앨런 같은 이들은 한결같이 거액의 재산을 사회에 환원하며 노블레스 오블리주의 삶을 실천하고 있다. 앞서 이야기 했듯이 우리나라에서 최고의 노블레스 오블리주를 실천한 가문을 찾으려면 단연 경주 최부자집이다.

노블레스 오블리주란 곧 나눔이다.

부는 나누면 반으로 주는 것이 아니라 곱절이 된다. 왜냐하면 곱절로 삶이 풍요로워지는 사람이 생기기 때문이다. 혼자서 모든 것을 차지한다면 그것이 무슨 소용이 있겠는가? 삶이란 나눔으로 가득 찰 때보다 멀리 보다 원대하게 나아갈 수 있게 된다.

⁞ 사랑에 사랑을 더하라 ⁞

프로이드는 인상적인 말을 남겼다.

"사랑하고 일하고, 일하고 사랑하라. 그게 삶의 전부다."

정말 멋진 말이다. 우리는 그동안 많은 페이지를 할애해서 '일'에 대해서 이야기했다. 사람이 몸을 가지고 있는 이상 분명히 일을 해야 한다. 하지만 단지 삶에 일만 있다면 그 얼마나 무미건조하겠는가? 당연히 '사랑'이 있어야 한다. 그것도 듬뿍 말이다.

프로이드의 말처럼, 일과 사랑을 빼면 인생에 남는 것은 아무 것도 없다. 그렇기에 이제는 사랑에 대해서 이야기해야 한다. 사랑 없는 세상을 상상해 보라? 상상이 가는가? 그대가 오늘 하루도 숨 쉬고 일하는 이 모든 것은 사랑이 있기에 가능하지 않은가?

석유 재벌 록펠러는 정말 열심히 일해서 세계 최고의 부자가 되었다. 그런데 어느 날 병원에 갔다가 날벼락을 맞는다. 살 날이 얼마 남지 않았다는 것이다. 그동안 그는 돈을 벌기 위해서 악착같이 살았다. 단 돈 몇 푼에도 손을 떨면서 돈 모으기에 열중했다. 사실 돈을 벌었다기 보다는 주변 사람들을 괴롭히며 남의 돈을 빼앗은 것이었다. 이것이 인과응보가 된 것인지 그는 어느 날 저승의 문턱에서 서성거리는 존재가 되고 만다.

그때서야 그는 인생을 헛산 것을 깨달았다. 대오각성(大悟覺醒)한 그는 이후 삶에 사랑을 더하기 시작했다. 타인에게 아낌없이 베풀며, 기부를 했다. 나아가 대학교를 지어 후학 양성에도 이바지했다. 그렇게 삶에 사랑을 더하니 예전의 건강을 회복하며 여생을 편하게 보냈다. 사랑이란 이처럼 세상을 아름답게 한다.

서로 보듬고 도와주자. 서로 사랑하며 사랑에 사랑을 더하자. 사랑으로 가득 찬 세상, 참으로 아름답지 않은가? 우리 모두가 원하던 바로 그 세상이 아니던가?

지속 가능한 가치

● 상생과 지속 가능성 ●

그렇다면 사랑 가득 찬 세상은 어떻게 만들 수 있을까?

그 해답은 바로 상생에 있다. 물론 경쟁이 아닌 상생에 지속 가능성이 존재한다. 그런데 상생은 말처럼 그리 쉽지 않다. 상생을 실천하기 위해서는 남다른 각오가 필요하다.

어떻게 해야 할까? 이렇게 해 보자.

첫째, 결과보다는 과정을 더 중요시 한다. 결과도 물론 중요하다. 왜냐하면 결과가 없으면 과정 자체가 의미가 없어지기 때문이다. 하지만 결과에 너무 집착하게 되면 편법을 사용해 원하는 바를 취하게 될 우려가 있다. 과정 자체에 보다 몰입해 결과가 자연스럽게 따라 오도록 해야 한다.

둘째, 단기성과에 집착하지 말고 장기적으로 멀리 본다. 단기성과도 물론 중요하다. 하지만 단기성과에 너무 집착하면 속 좁은 마음에 큰 그림을 놓쳐 오히려 원하는 바를 성취 못할 수도 있다.

셋째, 개인보다는 조직의 성공을 우선시 한다. 자신의 이익을 먼저 생각하면 그나마도 이를 취하지 못하는 게 인생사다. 자신만을 생각하는 사람을 세상 사람들은 별로 좋아하지 않는다. 당연히 도와주질 않는다. 조직을 우선해 해 보라. 수많은 우군이 생길 것이다. 이는 곧 함께 성공하는 길이다.

넷째, 직(職)보다는 업(業)에 몰두한다. 사실 직이 있어야 사람은 일을 할 수 있다. 그런데 이를 스스로 졸라 달라고 한다고 줄 사람은 별로 없다. 먼저 업으로 성과를 보여줘야 세상은 그 다음에 직을 주게된다. 돈을 벌기 위해 일에 몰두해야지 돈의 뒤꽁무니를 쫓으면 돈을 벌 수 없는 이치와 같다.

다섯째, 무엇이든 공정하게 나누어 가진다. 세상 사람들은 누구 하나 없이 모두 성공을 바란다. 자신만 성공을 바라는 게 아니라는 이야기다. 그렇기 때문에 무엇이든 공정하게 나눠 함께 성공하는 길을 가야 한다. 그 속에 지속 가능성이 있다.

상생과 지속 가능성은 절대 별개가 아니다.

가치에 가치를 더하라

  일반적으로 우리가 성공을 말할 때 돈, 명예, 권력을 빼 놓을 수 없다. 어쩌면 성공의 모두라고 생각할지도 모른다. 그런데 돈, 명예, 권력은 명백히 한정되어 있다. 누가 가지면 누가 못가지게 되기 마련이다. 그렇기에 서로 가지려고 경쟁하고 투쟁까지 하는 것이다.

  만일 돈, 명예, 권력이 무한하다면 사람들이 싸울 일이 없다. 서로 하나씩 나눠 가지면 되기 때문이다. 하지만 그렇지 않기 때문에 문제가 생긴다.

  결국 돈, 명예, 권력을 성공으로 규정하는 순간 우리는 슬픈 현실에 내몰리게 된다. 서로 이간질하고 서로 음해하고 미워하는 존재로 변해 버리고 만다.

  이것이 우리가 진정으로 바라는 모습일까? 전혀 아니다. 조금만 깊이 생각해 보면 돈, 명예, 권력을 가지고 위해 서로 경쟁하면서 이간

질하고 음해하고 미워한다면 언젠가 자신에게도 그 피해가 돌아올 것을 금방 안다.

그렇기에 돈, 명예, 권력은 행복이라는 가면을 쓴 불행의 씨앗이다. 이런 면에서 아인슈타인의 말에 우리는 주목할 필요가 있다.

"성공한 사람이 되려 하지 말고 가치 있는 사람이 되려고 하라."

성공은 유한하다. 하지만 가치는 무한하다. 가치는 나누면 나눌수록 커진다. 가치는 마르지 않는 샘물이다. 퍼내면 퍼낼수록 새록새록 새로운 가치가 고인다. 게다가 더욱 맛갈나진다. 이런 가치를 외면할 수 있겠는가?

자, 가치에 가치를 더하자. 우선 자신의 삶이 아름답고 풍요로워진다. 나아가 우리 모두의 삶이 아름답고 풍요로워진다. 이것이 우리 모두가 바라는 세상이요 꿈이다. 또한 우주의 이상이다.

4단계
지속 가능한 인생 가치의 집 완성

이 얼마나 아름답고 풍요로운 인생 가치의 집인가!
이를 세상 사람들과 함께 나눠 인생을 보다 가치롭게 하자.

인생을 송두리째 바꾸는 슈퍼자기경영 : 지속 가능한 인생 가치의 집 완성

1.사랑

사회 공헌 활동 등을 통해 사랑을 실천하기 위한 계획 및 일정을 적어보세요.

계획	일정

2. 인생 가치의 집짓기를 위한 전체 계획

자, 마지막으로 이제까지 쓴 내용을 모두 아래의 표에 기입해 보세요.

Life Value House	Task	Subtask	일정									
지붕 및 외부	사랑											
내부 (주활동)	지속적 관리											
	효율적 홍보											
	탁월한 성과											
	과감한 실행											
	치밀한 계획											
	차별적 지식											
기둥 (지원활동)	건강											
	자산											
	독서											
	인맥											
	언어											
주춧돌	전략											
	나의 신조											
	사명과 비전											

3. 실천! 그 위대한 힘

여러분 다들 아시죠? 아는 것이 힘이 아니라, 아는 것을 실천하는 것이 진정한 힘이라는 것을!

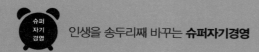
인생을 송두리째 바꾸는 **슈퍼자기경영**

제3부

누구나 슈퍼 롤모델이다

Chapter 01

● 누구나 상위 1%가 되는
위대한 자기혁명

롤모델(Role-model)하면 으레 크게 성공한 사람을 떠올린다. 이런 이유로 사람들의 선망의 대상이 된다. 하지만 세상에 공짜는 없듯이, 그들의 성공 이면에는 언제나 피나는 노력이 함께 했다.

게다가 모든 사람의 롤모델, 즉 슈퍼 롤모델이 되기 위해서는 뭔가 남다른 전략이 필요하다. 단순히 노력만 한다고 원하는 바를 이뤄 성공할 수 있다는 착각은 버려야 한다.

반드시 인생에 대한 완벽한 청사진을 가지고 있어야 한다. 마치 보물섬의 지도처럼 말이다. 보물섬의 지도만 가지고 있다면 누구나 찬란한 보물을 가질 수 있는 것처럼 말이다.

그렇다. 보물섬의 지도가 바로 앞서 제시한 LVH(Life Value House)다. 보물섬의 지도인 LVH를 잘 따라간다면 누구나 상위 1%가 되는 위대한 삶을 살 수 있게 된다. 이제부터 평범한 삶을 넘어 위대한 자기혁명을 시작해 보자. 위대한 자기혁명은 바로 LVH대로 사는 것이다.

LVH는 심플 그 자체다. 군더더기가 없다. 이 정도가 복잡하다고 생각한다면 성공은 물 건너간다. 세상 사람들이 말하는 성공이 하루아침에 자신에게 다가올 것이라는 망상은 일치감치 버리는 게 좋다. 단언컨대 10년 이상을 묵묵히 꿋꿋이 실천한다면 반드시 답이 나온다.

현재 시중에서 구할 수 있는 여타의 자기계발서에서는 명확한 성공 방법이 없다. 단순히 저자 개인의 경험을 신변잡기처럼 나열했을 뿐이다. 간혹 성공 방법을 제시해도 이를 자신에게 적용하기에는 무리가 있다. 왜냐하면 자신의 상황, 능력은 저자 혹은 성공한 사람들의 상황, 능력과는 다르기 때문이다. 결국 다이아몬드가 되지 못하고 흑연이 되고 만다.

다이아몬드와 흑연은 똑같은 원소를 가지고 있지만 그 배열과 결합 정도에 따라 완전히 다른 실체로 드러난다. 그 배열과 결합 정도가 바로 사람마다 다른 상황과 능력이다. 당연히 사람들의 상황과 능력에 따라 달라지는 성공 방법이 아닌 모든 사람들의 상황과 능력에 적용될 수 있는 성공 방법이 있어야 한다. 그것이 바로 LVH다. 더도 덜도 없는 진실이다.

● 스스로 슈퍼 롤모델이 되어라 ●

주변 혹은 세계적으로 성공한 사람들을 한 번 보라. 너도 나도 닮고 싶어 한다. 그들이 어떻게 성공했는지 온갖 자료들이 인터넷 혹은 언론 매체를 통해 매일같이 쏟아진다. 빌 게이츠가 그렇고, 워렌 버핏이 그렇고, 마윈이 그렇고, 래리 페이지가 그렇고, 저커버그가 그렇고, 스티브 잡스가 그렇다.

하지만 너무 부러워 마라. '부러워하면 지는 거다'라는 유행어도 있지 않는가. 성공에 대한 비밀은 이미 LVH를 통해 완벽히 드러났다. 이제 그대의 실행만 남았다. 실행하고 또 실행하라. 독일 문학의 최고봉 괴테(Geothe)가 한 말, "아는 것만으로는 부족하다. 우리는 이를 반드시 삶에 적용시켜야 한다. 의지만으로는 부족하다. 우리는 이를 반드시 행동으로 옮겨야 한다"를 다시 한 번 명심하자.

실행하고 또 실행한다면 언젠가 반드시 인생이라는 명품 저택을 소유하게 된다. 그 다음은 타인이 자신을 부러워하게 된다. 마치 그대가 빌 게이츠, 워렌 버핏, 마윈, 래리 페이지, 저커버그, 스티브 잡스가 된 것처럼 말이다. 즉 자기경영의 슈퍼 롤모델(Super Role Model)이 되는 것이다.

매일 같이 사람들이 그대의 명품 저택을 구경하러 올 것이다. 그대는 단지 집 구석 구석을 보여주기만 하면 된다. 여기는 어디고, 저기는 어디다라며 몇 마디 말만 하면 사람들은 고개를 끄덕이며 그대를 내심 부러워 할 것이다.

자, 지금부터 시작하자!

언젠가 인생이라는 명품 저택은 오롯이 그대의 것이 된다. 곧 그대가 자기경영의 슈퍼 롤모델이다.

맺음말

▼ ▲ ▼

LVH라면 성공만큼
쉬운 것도 없다

이상에서 살펴보았듯이 본서에서 언급한 LVH(Life Value House)는 이전에도 없었고, 이후에도 없을 전무지후무지(前無知後無知)한 세계 최고의 성공 모델이다.

필자의 경우, 젊은 시절 대기업 사내벤처 1호를 직접 경영했었다. 하지만 제대로 된 준비 없이 성급하게 사업에 뛰어들어 낭패를 당했다. 이후 어떻게 하면 지속 가능한 성공을 할 수 있는지에 대한 해답을 찾아 헤맸다. 즉 자기경영(Self-management) 분야에서 세계 최고의 권위자가 될 것을 꿈꾸게 되었다. 나아가 이러한 해답을 타인에게 전

파함으로써 함께 성공하는 길을 걷고자 했다. 그러니까 실패를 경험한 이후 진짜 사명과 비전이 자연스럽게 가슴 속 깊은 곳에서 뿜어져 나온 것이다. 이러한 사명과 비전을 이루기 위해 '나의 신조'를 글로 써서 지니고 다니며 한결같이 수년을 포기하지 않고 일관되게 노력했다.

물론 삶의 기둥을 튼튼히 하는 일련의 활동도 꾸준히 즐기면서 실행했다. 왜냐하면 건강, 자산, 독서, 인맥, 언어 등 삶의 기둥이 흔들리면 그동안의 모든 노력이 한순간에 물거품이 되기 때문이다. 우선 건강을 위해 마라톤, 수영, 헬스, 등산 등을 주기적으로 하는 한편 명상과 기도도 병행했다. 육체적 정신적으로 더욱더 건강해지면서 뭐든 할 수 있다는 자신감이 용솟음쳤다. 또한 든든한 사업 밑천을 마련하기 위해 투잡을 하는 한편, 자산 증식 방안으로 재테크도 꾸준히 공부하면서 적금도 들고, 우량 주식에 장기적인 가치 투자를 했다. 독서로 말하자면, 현재까지 다양한 분야에 걸쳐 천 권 이상의 책을 읽었다. 독서의 힘은 두 말하면 잔소리다. 그 가치는 실로 어마어마했다. 삶에 대한 통찰력을 키워줬고 어떠한 난관도 극복하게 해 줬다. 또 기자 생활과 해외 학위를 이수하면서 모르는 사람이 없을 정도로 수많은 국내외 인맥을 넓혔다. 이 인맥들 덕분에 어려운 일도 쉽게 해결하곤 했다. 나아가 스피치 과정을 수강하면서 소통하고 전달하는 방법을 터득하게 되었고, 영어 등 외국어도 공부하면서 글로벌 세상에 한발 더 나아갔다. 물론 이러한 과정 속에서 나의 강점과 약점, 외부의 기회와 위협 요소를 수시로 파악하면서 실행 전략을 주기적으로 수정해 나갔다.

삶의 기둥이 눈에 띄게 견고해지면서 진짜로 하고 싶은 일에 대한 의욕과 자신감이 충만해졌다. 그래서 본격적으로 자기경영 분야에 대한 전문 지식을 습득하는 등 핵심역량을 열정적으로 키워나갔다. 먼저 MBA 과정을 이수하고 자기경영에 대한 서적을 심도 있게 탐독했다. 자기경영 분야에 대한 전문 지식이 깊어지면서 보다 혁신적인 자기경영 이론을 세상에 내놓고 싶은 욕구가 간절해졌다. 이를 위해 하루, 일주일, 한 달, 일 년, 십 년, 평생 등 장단기 계획을 하루도 빠짐없이 치밀하게 짜 과감하게 실행에 옮겼다. 물론 호락호락하지 않았다. 하지만 오랫동안 튼튼히 해 온 건강, 자산, 독서 등 삶의 기둥 덕분에 지치지 않고 실행에 옮길 수 있었다. 그렇게 세상에 없던 책이 출판되면서 자연스럽게 홍보가 되어 TV, 신문사로부터 인터뷰 요청도 오고, 다양한 상도 받는 등 탁월한 성과가 나오기 시작했다. 물론 현재도 이러한 노력은 진행 중이다. 아니 평생 지속될 것이다. 나아가 세상의 발전에 기여할 수 있는 좋은 글도 쓰고, 자선 단체에 기부도 하는 등 사랑을 실천하며 가치있는 삶을 살기 위해 최선을 다하고 있다.

사실 이 모든 것은 LVH라는 성공 모델이 없었다면 불가능했을 것이다. 필자가 LVH를 고안하기 전까지는 그야말로 삶은 안개 자욱한 거리의 외딴 오두막이었다. 하지만 이제는 LVH 덕분에 완전히 다른 삶을 만끽하고 있다.

필자는 분명하게 확신한다.

필자의 경우와 마찬가지로, 그 누구라도 LVH를 포기하지 않고 꾸준히 끈기 있게 실행한다면 언젠가 인생이라는 위대한 명품 저택이 보란 듯이 드러날 것을!

지금 당장 주저없이 실행하자! ◀▨◁